崇尚自然 尊重科学

继承传统 顺应发展

善待他人 艺绘神韵

赵全才 题词

神州武功

赵全才
范德俊
赵睿媛
著

中国出版集团
现代出版社

图书在版编目（CIP）数据

神州武功 / 赵全才，范德俊，赵睿媛著. -- 北京 ：现代出版社，2024. 10. -- ISBN 978-7-5231-1093-5

Ⅰ. G886.2-49

中国国家版本馆 CIP 数据核字第 20243SJ633 号

神州武功

SHENZHOU WUGONG

著　　者　赵全才　范德俊　赵睿媛

责任编辑　袁　涛
责任印制　贾子珍
出版发行　现代出版社
地　　址　北京市安定门外安华里504号
邮政编码　100011
电　　话　(010) 64267325
传　　真　(010) 64245264
网　　址　www.1980xd.com
印　　刷　北京瑞禾彩色印刷有限公司
开　　本　787mm×1092mm　1/16
印　　张　16
字　　数　160千字
版　　次　2024年11月第1版　2024年11月第1次印刷
书　　号　ISBN 978-7-5231-1093-5
定　　价　99.00元

赵全才

男　1946 年 7 月生于北京

著名武术家、摔跤家、作家、企业家、民俗家、美食家，中华优秀传统文化的研究者和传播者。

创始了一门现代新武功——全卫术。

创作了多部教科书式的武学著作和热情歌颂真、善、美、德，并以真、善、美、德为一条红线串起整个篇章的感恩作品。

创立了北京全卫术真善美德读书会，担任顾问。

创办了北京东方全红体育健身中心有限责任公司，担任顾问。

创立了北京全卫术现代武功竞技文化全国研究发展中心，担任顾问。

创立了北京东方全红摔跤武术民俗表演传承发展中心，担任顾问。

创办了北京市老跤友联谊会，担任名誉会长。

原中学教师，因支援钢铁建设到首都钢铁公司工作，任高级管理人员，并兼任首钢摔跤散打协会会长。

学校时光：

在学校任教期间成绩突出，被学校评为优秀教师。20 世纪 70 年代初，在“教师归队”的政策下，北京市朝阳区教育局通过北京市教育局向首钢发函：希望作者回北京四十八中继续任教。

曾多次参加市、区的篮球、田径和摔跤武术比赛，取得了优异的成绩，并获得过第一名。

首钢时代：

因技术精湛、业务精通、成绩显著，曾多次得到过首钢总公司的表彰与奖励，如：

1978 年获得了首都钢铁公司授予的“技术（业务）能手”光荣称号；1990 年被首都钢铁公司授予“双文明先进工作者”光荣称号；长期担任车间、厂办、生委等不同岗位的领导职务。

创立了首钢武术馆，担任馆长，兼任总教练。

创立了首钢摔跤馆，担任馆长，兼任总教练。

创立了首钢散打馆，担任馆长，兼任总教练。

曾多次在市辖地区、首钢集团、全国冶金的摔跤武术比赛上取得优异成绩，荣获了首钢第一届“钢花杯”中国式摔跤无差别级别冠军，荣获了首钢第一届散手对抗赛无差别级别冠军。

曾多次组织、参与了首钢各种摔跤武术比赛，为推动首钢摔跤武术运动的发展，丰富职工的业余文化生活作出了贡献。

曾运用这些实用招术为维护社会治安作出了突出贡献，并受到了北京市公安局、首钢总公司的表彰，也受到过《北京日报》的登报表扬。

对于作者的多部新书发布会，电视报纸多有报道。作者曾被特邀为有些电视节目和专业刊物做摔跤武术表演，同时教授许多全卫术的实用招术，并被特邀担任了电视连续剧《跤王》的摔跤顾问，在北京全卫术现代武功竞技文化全国研究发展中心对剧中主要演员进行了培训和指导。

范德俊

女　1947 年 2 月生于北京

武术家、武学作家，现担任北京东方全红体育健身中心有限责任公司顾问，北京全卫术现代武功竞技文化全国研究发展中心顾问，北京东方全红摔跤武术民俗表演传承发展中心顾问，北京全卫术真善美德读书会会长。

几十年以来，她非常赞同丈夫赵全才的爱好，并以实际行动坚决支持丈夫的事业，同丈夫一起创始了一门现代新武功——全卫术，她对推动全卫术的蓬勃发展起着至关重要的作用。

她曾从事中学教师工作，后从事财会工作几十年，并长期担任财务经理工作，多次受到北京市朝阳区财政局和北京市税务局朝阳分局的表彰和奖励，特别是荣获了中华人民共和国会计人员荣誉证书——范德俊同志从事财会工作满三十年，为社会主义建设事业作出了贡献，特发此证，以资表彰。

赵睿媛

女　出生于北京

她成长在武术世家、武学世家，是全卫术第三代主要传承人之一，她从小跟随姥爷（全卫术创始人赵全才）习练全卫术，并能熟练掌握三个不同段位的主要招术。

她以少年文学天赋，为姥爷新出版的《神州武功》一书，协助撰写了“竞技散手”一节。

现担任北京全卫术现代武功竞技文化全国研究发展中心副主任（主管青少年部）。

她是小读者学堂《诗词栏目组》主播，是中国国际书画艺术研究会青少年会员。

作者赵全才　男　1946 年 7 月生于北京

作者在 20 世纪 70 年代 获得“首钢技术业务能手”光荣称号时的先进个人照

作者赵全才
20 世纪 60 年代在校任教时的留影

作者赵全才
20 世纪 60 年代在校担任篮球队、武术队教练时的留影

作者赵全才

21 世纪初担任全卫术现代武功竞技文化全国研究发展中心总教练时的留影

作者赵全才

21 世纪初担任北京东方全红摔跤武术民俗表演传承发展中心总教练时的留影

作者赵全才在首钢炼钢厂职工代表大会上作报告

作者赵全才在书房著书

作者赵全才在《爱·好》一书出版发行庆祝会的主席台上

作者赵全才在《全卫术之秘籍》一书出版发行庆祝会的主席台上讲话

作者范德俊　女　1947 年 2 月生于北京
20 世纪 60 年代在校任教时的留影

作者范德俊
从事财会工作 30 年时的留影

作者赵全才同夫人范德俊共享生日的祝福

作者赵全才同夫人范德俊在生日庆祝会上

作者赵全才同夫人范德俊在品茶

作者赵全才长女赵红雨在《全卫术之秘籍》一书出版发行庆祝会的主席台上

作者赵全才小女赵红雪在《全卫术之秘籍》一书出版发行庆祝会上致辞

作者赵全才和全卫术第二代、第三代主要传承人在主席台上

左起：赵睿媛（第三代） 赵红雪（第二代） 赵全才（创始人） 赵红雨（第二代） 钱啸程（第三代）

作者赵全才和全卫术第二代、第三代主要传承人在主席台上

左起：赵睿媛（第三代） 赵红雪（第二代） 赵全才（创始人） 赵红雨（第二代） 钱啸程（第三代）

作者赵全才同夫人范德俊和全卫术传承人合影

作者赵全才同夫人范德俊和全卫术传承人合影

作者赵全才外孙钱啸程在《全卫术之文化艺术》一书出版发行庆祝会上讲话

作者赵全才外孙钱啸程在《全卫术之文化艺术》一书出版发行庆祝会上讲话

作者赵全才同夫人范德俊和全卫术传承人合影

作者赵全才同夫人范德俊和全卫术传承人合影

作者范德俊和全卫术传承人合影

作者赵全才同夫人范德俊和全卫术传承人合影

作者赵全才和三弟赵全明在《爱・好》一书出版发行庆祝会上

作者赵全才同夫人范德俊和全卫术传承人合影

作者赵全才同夫人范德俊和全卫术传承人在生日庆祝会上

作者赵全才同夫人范德俊和全卫术传承人在生日庆祝会上

作者赵全才同夫人范德俊和二弟赵全保与全卫术的传承人在生日庆祝会上

作者赵全才同夫人范德俊和全卫术传承人在生日庆祝会上

作者赵全才同夫人范德俊在生日庆祝会上赞许全卫术传承人敬献的贺礼

作者赵全才同夫人范德俊在生日庆祝会上观看全卫术传承人演练全卫术

作者赵全才同夫人范德俊在观看外孙钱啸程演练全卫术

作者赵全才外孙钱啸程在演练全卫术

作者赵全才小女赵红雪在《全卫术》一书出版发行庆祝会上讲话

作者赵全才在《全卫术》一书出版发行的新闻发布会上签名赠书

作者赵全才好友刘悦所长在《爱·好》一书出版发行庆祝会上，
以书法作品的形式向作者赠语赞贺

作者赵全才和主席台上的嘉宾向全卫术传承人授书

全卫术传承人手捧《爱·好》一书合影

全卫术传承人手捧《爱·好》一书合影

作者赵全才长女赵红雨在《道·路》一书出版发行庆祝会上致辞

作者赵全才小女赵红雪在《道·路》一书出版发行庆祝会上讲话

作者赵全才和嘉宾、弟子们在《道·路》一书出版发行庆祝会上合影

作者赵全才同夫人范德俊在《道·路》一书出版发行庆祝会上和全卫术传承人合影

作者赵全才和前来参加《道·路》一书出版发行庆祝会的嘉宾握手致意

作者赵全才和出席《道·路》一书出版发行庆祝会的嘉宾们向全卫术传承人授书

作者赵全才弟子张金锁在《道·路》一书出版发行庆祝会上发言

作者赵全才和小女赵红雪与前来参加《道·路》一书出版发行庆祝会的来宾们合影

作者赵全才同夫人范德俊和全卫术传承人合影

作者赵全才和嘉宾与全卫术传承人合影

作者赵全才小女赵红雪
在《全卫术之秘籍》一书出版发行庆祝会上讲话

作者赵全才和长女赵红雨

对史教授的父母前来参加《道 · 路》一书出版发行庆祝会表示衷心感谢

作者赵全才和首钢老友在《全卫术之秘籍》一书出版发行庆祝会上

作者赵全才和小女赵红雪在《全卫术之秘籍》一书出版发行庆祝会上

作者赵全才小女赵红雪
和前来参加《全卫术之秘籍》一书出版发行庆祝会的来宾们合影

作者赵全才和首钢各级领导在观看摔跤比赛

作者赵全才和单子平、恩玉平总教练与大赛组织者及参赛者合影

作者赵全才和首钢各级领导在观看摔跤比赛

作者赵全才和首钢各级管理人员合影

作者赵全才和一代摔跤武术大师杨宝和先生
与前来参加《爱·好》一书出版发行庆祝会的摔跤武术名家们合影
第一排左起：赵全明、双德全、单子平、赵全才、杨宝和、那振刚、李明元、王全胜
第二排左起：董振锡、张德厚、董守本

作者赵全才和北京市老跤友联谊会会员合影

作者赵全才和一代摔跤大师杨宝和先生、
摔跤世家摔跤名家单子平先生、摔跤名家王全胜先生座谈

作者赵全才和一代摔跤大师杨宝和先生、
摔跤世家摔跤名家单子平先生、摔跤名家王全胜先生合影

作者赵全才和一代摔跤武术大师王德英教授，
与“北京市老跤友联谊会”的摔跤武术家们合影
第一排左起：韩铁梁、那振刚、赵全才、王德英、双德全、毛文忠
第二排左起：赵全明、李明元、单子平、王全胜

作者赵全才和一代摔跤武术大师王德英教授，
与“北京市老跤友联谊会”的摔跤武术家们合影
第一排左起：毛文忠、双德全、赵全才、王德英、那振刚、韩铁梁
第二排左起：董振锡、赵全明、王全胜、单子平、李明元

作者赵全才在首钢第一届“钢花杯”中国式摔跤大赛上使用“大绊子”“别子”

作者赵全才在首钢第一届“钢花杯”中国式摔跤大赛上使用“大绊子”“别子”

作者赵全才和陕西省摔跤武术名家季连成先生热情交谈

作者赵全才和陕西省摔跤武术名家季连成先生
与大家一起研讨中国式摔跤的传承发展

作者赵全才和来华学习全卫术的比利时大学生合影

作者赵全才和来华学习全卫术的比利时大学生合影

北京东方全红摔跤武术民俗表演传承发展中心第一副总教练夏玉生讲话

作者赵全才徒弟张金锁在《全卫术之文化艺术》一书出版发行庆祝会上发言

作者赵全才徒弟洪建华在《爱·好》一书出版发行庆祝会上发言

作者赵全才徒弟霍彪在《全卫术之文化艺术》一书出版发行庆祝会上发言

作者赵全才徒弟高勇在《全卫术之秘籍》一书出版发行庆祝会上发言

作者赵全才徒弟王超在《爱 · 好》一书出版发行庆祝会上发言

序 言

全卫术始创于 1963 年，迄今已有 61 年了。当时在顾家庄习跤练武场公诸同好时，它的名字叫“散手摔”，后改为“摔拿术”，但这都是或以运动的形式，或以实用的技法来定义的，都不足以表达它的文化内涵和艺术价值。因为任何的摔跤武术门类都是为人们服务的，都有着保卫人们的基本责任，也就是说要全心全意为人民服务，一心一意保卫人民的利益，从这个意义出发，那么这一独特风格的武艺就应该叫作“全卫术”，它更能体现这种独特风格武艺的宗旨和文化内涵与艺术价值。

全卫术属现代武功，现代武功是对传统武功而言的，现代武功顺应了历史潮流和社会发展需要，但它必须不失传统武功的精髓，否则它就是无本之木、无源之水，也可以说现代武功是传统武功的延伸与发展。传统武功是以实用竞技为主，而现代武功是以文化艺术为主，因此，全卫术的技术方法风格独特，在实用竞技中充分体现了它科学性强、实用性强、观赏性强、艺术性强、文化性强、自然性强的文化艺术特征。它的文化内涵与艺术价值可用四句在跤坛、武林、民间流传的、耳熟能详的口头禅来解读，即：武术加摔跤，功夫日益高；擒拿加摔跤，散手技艺高；京散加京跤，文化艺术高；拳术加摔跤，武艺真正高。这里边的“加”字，不是“相加”的字意，而是有“相融”的意义。“融”字说来容易，但做起来实属不易，做成了的更是凤毛麟角，因为没有从小的童子功不行，没有出类拔萃的师父不行，没有日积月累的勤学苦练不行，没有把武术、拳法、擒拿和摔跤融为一体的悟道能力不行，这其中的深邃哲理，只有摔跤武术大家才能解其中的奥义。因此，全卫术是一门军警好练、师生爱学的现代新武功，同时也是一种男女亦可、老少皆宜的新的运动方式。

我的兴趣广泛，爱好颇多，但我最为爱好的还是文学、武学、民俗学和饮食文化。对于这些爱好，我倾注了很多的心血，投入了大量的时间，充分发挥智力、体力、能力、努力实践之，使得我在这些爱好的各个领域里都取得了骄人的成绩，同时，从某种意义来说，这些爱好成就了我的事业。

诸如：

创办了北京东方全红体育健身中心有限责任公司

创立了全卫术现代武功竞技文化全国研究发展中心

创立了北京全卫术真善美德读书会

创立了北京东方全红摔跤武术民俗表演传承发展中心

创办了北京全卫术文化艺术民俗说唱茶社

创办了北京丰庆楼饮食文化大餐厅

创办了北京市老跤友联谊会

我的事业同时也成就了我少年时的理想——成为文学家、武学家、民俗家、美食家。

在文学领域里，我用了 21 年创作了 7 部著作，并使这些著作本本有新意，书书有看点，为武学文化谱写了新篇章，为中华优秀传统文化的传承发展作出了贡献。在武学领域里我创始了一门现代新武功——全卫术，并使全卫术在 61 年的时间里取得了蓬勃的发展，蜚声长城内外，享誉神州海外，为中华武功增添了一门新功夫，为体育增加了一个新的竞技项目。在民俗学领域里，我撰写了两万余字的颂扬中华民族传统节日和礼俗的文章。在饮食文化领域里，我撰写了两万余字的颂扬中国烹饪和茶道的文章。

这些理想的实现成就了家庭文化的传承，家庭文化是以家庭语言文化为主线串起武学文化、时尚文化、建筑文化、饮食文化为整个篇章的薪火相传的画卷。

书中多以各种竞技散手大赛和见义勇为的实例，说明印证了全卫术的实用竞技性，以多次在不同的校园、社区传承发展全卫术和海外大学生不断组团来华学练全卫术的实例，阐明诠释了全卫术的文化艺术性。

我这 7 部著作都是用第一人称撰写的，这缘于我的人生阅历丰富多彩、可写可歌的故事很多：我从 7 岁开始习武，至今已有 70 余年了；高中毕业后留校，做了 2 年的教师工作；在首都钢铁公司工作 32 年，任高级管理人员并兼任摔跤散打协会会长一职；退休后，在北京东方全红体育健身中心工作至今，任高级管理人员。同时任全卫术现代武功竞技文化全国研究发展中心、北京东方全红摔跤武术民俗表演传承发展中心顾问，北京市老跤友联谊会名誉会长一职。

几十年以来，我认真严谨地著书立说、以飨读者、不求浪声虚名；科学求是地传承发展全卫术，以广视听，不要误人子弟；热情自觉地参加社会各种公益活动，以身作则，不沾物质利益。一直秉承真、善、美、德的人生理念，置身生活，观察生活，感悟生活，总结生活，升华生活，享受生活，我的人生道路朝阳向好，幸福快乐。

我这 7 部著作的序言，其中有五部是我自己撰写的，我认为，凭我的人生、我的故事、我的创始、我的技法，孰能为我写序言呢？只有父母、师长才有资格给我写序言。可您们已上了天堂，因此，只有自己写最好，才能真实感人，才能表达心声，才能写出真谛。

目录

第二篇　传统武功

第一篇 现代武功

中国武艺、文学、艺术都起源于原始社会，都产生于原始先民们的重要生产生活方式——狩猎。不管现代怎样按学科分类，它们都属于中华优秀传统文化，都是我们应该继承的祖国文化遗产。

全卫术是一门全为民、卫全民的现代新武功，它是中华传统武功的延伸与发展。它崇拜自然、尊重科学、继承传统、顺应发展、善待他人、共飨神韵，是一种典型的文化形态；又是一个新的体育运动方式；更是一门新的艺术门类。作为一个体育项目，它体现了体育更快、更高、更强的精神，它可以跟世界上许多武功竞技；作为一个文化形态，它显现了优秀传统文化的博大精深，它传播着中国人的思想、伦理、道德和行为；作为一个艺术门类，它展现了技艺的炉火纯青，它彰显了力与巧相从的外在美、形与神相通的内在美、技与艺相和的现代美。这一概念定义，使得全卫术取得了长足的发展。同时也是以武学视角对《美学概论》中关于真、善、美、德的联系和区别探讨的最好解读；对人世间精神的高境界——真、善、美、德文化理念的最新阐明。

全卫术让我感觉到了摔跤武术界的认可、称赞和被习武者喜爱、推崇的成就感，从中我看到了自己的力量、智慧和功夫，使我感受到了萌生的最初的审美愉快。这种审美愉快在全卫术科学健康发展的促进下，得以快速发展。审美意识的不断增强，就要求全卫术向更文化艺术的方向发展，于是就诞生了全卫术文化艺术发展的新理念，即“四美”：崇尚美、追求美、实现美、共飨美。顺应历史发展，全卫术一直把“四美”的文化艺术发展理念贯穿全卫术的蓬勃发展之中。因此，全卫术不但重视它的实用性、竞技性，更重视它的文化艺术性。因而，全卫术的技术方法（实用招术）也呈现出极强的鲜明特征：科学性强、实用性强、观赏性强、艺术性强、文化性强、自然性强（即“六强”）。其实这“六强”就是全卫术发展的三个不同阶段（初级、中级、高级）。每个阶段都释放出三个段位，共计九个段位。

为了让习练全卫术的人们更快、更好地领悟全卫术文化的内涵与艺术价值，我将全卫术的概念定义、宗旨目的、文化礼仪、文化艺术、手法、步法、摔法和器械法深入浅出、言简意赅地编成了《全卫术新咏》。《全卫术新咏》的“新”字有“新武功”的含义。《全卫术新咏》共七句话，九十六个字。

全卫术新咏

全为民，卫全民，全心全意都为民。
服要尊，礼要先，服礼相融都为尊。
崇尚美，追求美，实现共飨都为美。
擒拿手，摔拿手，肘击膝撞都为手。
格登步，车轮步，盖背划蹦都为步。
拿中摔，摔中拿，踢打摔拿都为摔。
棍中鞭，鞭中棍，棍里加鞭都为鞭。

第一章

全卫术的实用竞技性

中国武艺（拳术、跤术）是中华文化遗产的一部分，是随中国社会发展而不断升华的一项融技击防卫和健身娱乐为一体，最大程度发挥肢体技能的传统运动。它历史悠久，起源甚古，虽经古今武家学者苦苦探求，究其始于何时至今尚无定论。根据有关史料和文物记载，早在两千多年以前就有了原始的武术活动。

在原始社会，人类为了生存的需要，常常利用简陋武器和徒手搏斗的方法，抵御和擒捉野兽，这些争取生存搏斗的动作就是武术的萌芽。随着部落的形成，阶级的分化，为了争夺物质利益和其他权益导致了战争。由于战争的频繁发生，使得肢体技能不断飞速发展，实现了质的飞跃，形成了现代的武术，它昌旺于唐宋，盛极于明清。

中国武艺的发展，由于受到地域的影响，因而产生了众多的门派。但它们都是根植在中国传统文化这块沃土上的绚丽花朵，形成了中国武术的百花园。无论门派怎样众多，其动作技法，无不讲究抓、拿、摔、打、踢、躺。它充分体现了人体的力与美、技与巧的和谐统一。

第一节
全卫术功

“全卫术”是科学实用的现代新武功，是中国武学文化百花园中新绽放的一朵奇葩，它散发出中国传统文化的芳香，它是传统武功的延伸与发展，它既符合社会发展，又不失传统精髓。它以家传技法、京城散手和京城跤法为基础。这种摔跤武术技法区别于现代任何武功门类，但所有武功门类的长处都能在这种技法内找到，这种技法在日常生活和社会实践中凸显出它顺应历史发展的特点，更体现出“京城散手”和“京城跤法”京文京格、京韵京味的特点。因此，可以说全卫术是中国武艺的重要技击方法之一，是武术徒手实用技术方法之精粹的组成部分，它的实用招术具有鲜明的技术特征，它寓制于防、寓防于健、寓健于乐、寓乐于心，经常演练，受益匪浅，它既能强身健体，又能娱乐身心，既能防身自卫，又能抗暴为民，可谓之曰：“其术无极、其身无忧、其善无边、其乐无穷。”因此，它是一个军警好练、师生爱学的真功夫，又是一个男女亦可、老少皆宜的体育运动方式。

全卫术的技术方法（招术），从表面形式上看，它既像擒拿，又似摔跤，但它不同于擒拿，也并非摔跤，更不是擒拿和摔法的简单结合，也不是糅合，而是武术发展到较高阶段的产物，是瓜熟蒂落的自然硕果，是应运而生的。它的技术方法实质上是以运用抓拿手法与反关节手法为基本原理，抓拿或击打一个部位或多个部位，迫使对方身体重心转移并使之倾斜，速将其摔倒的一种技术方法。其技法讲究随势化力、借力打力、上拿下绊、上下相随、刚柔相济、以巧取胜；其技术效果以摔倒为主，制服为辅，反对拿伤致残。全卫术的技术方法讲究抓、拿、摔、打、踢、躺，各种技法技能的相互融合与周济，可见它有很强的技术综合性，但在全卫术的技法中，抓、拿、打、踢、躺都是为摔服务的，因为全卫术的技术效果决定了它的拿法不同于擒拿术的拿法，它的打法也不同于中国散打的打法，从而形成了全卫术具有鲜明特征的独特风格的技术方法。

一、基本知识（须知、习练、竞技）

1. 武德至上、德技双修

学习掌握全卫术是为了强身健体、为了防身自卫、为了见义勇为、为了维护社会治安、为了保护祖国和人民的利益，这就是习武者常说的“武德”。有了正确的学习目的，心术也自然正了，只有心术正才能真正领悟全卫术的精髓，才能掌握它的真知，才能更好地掌握它的技术规律，才能越练越精，达到上乘的功夫。反之，没有一个正确的学习目的，就很难掌握、学习好全卫术，这也是中国功夫的共同特点。

2. 量体裁衣、发挥潜能

习练全卫术的人们要懂得根据自身的身体素质、需求、爱好，选择更能发挥潜能的不同段位的实用招术，对于这些招术，要勤学苦练，下定决心把它练成绝招，同时还要懂得这些招术的距离感：远踢近抓贴身摔、不远不近伸拳打、站立地躺都能拿。

3. 武术加跤，越练越高

全卫术是武学文化的重要组成部分。武学文化范围广，涉及很多学科，要求习练者博览群书、触类旁通、勤于思考、融会贯通，努力提高文化素质，做到博采众长，也就是说，要真正地领悟到跤坛武林中耳熟能详的四句至理名言的哲理："武术加摔跤，功夫日益高；擒拿加摔跤，散手技艺高；京散加京跤，文化艺术高；拳术加摔跤，功夫一定高。"

4. 胆大艺高、先抢为强

武谚曰："胆大人艺高，艺高人胆大。"这句话是习武者实战经验的总结，同时也深刻地阐明了胆气和技艺二者之间的辩证关系，一曰：技击胆为先；二曰：艺高胆气壮。也就是说，习武者必须具备压倒一切的胆识和狭路相逢勇者胜的气魄，才能在实战中发挥最好的技术水平，才能最大程度地释放出人体潜能，这是获得胜利的基础，否则有再高的技艺也是枉然。

先抢为强和胆大艺高二者是相辅相成的，有了压倒一切的胆识，才会有先抢为强的出其不意。所谓"先抢为强"就是在对方精神上毫无防备的情况下，突然出击，攻其不备，使之猝不及防陷于被动。俗话说：“先下手为强，后下手至弱”就是这个道理。

5. 知己知彼、随机应变

在双方对峙和交手过程中要沉着观察、冷静分析对方的实力和特点，即从对手的身高、体重、身体姿势、占据的方位、攻击的方式以及手脚的全面动作来判断衡量对方的实力和特点。根据知彼的判断，确定自己的技击方法，达到以己之长、制彼之短的目的，所谓“知己知彼，百战百胜”就是这个道理。

实战中的情况是瞬息万变的，所以就必须从实际情况出发变换自己的技术方法，调整自己的技术动作，从而应其变、随其势，借力打力，以巧取胜。这就是习武者常说的随机应变、巧于化力。

6. 避实就虚、兵不厌诈

“虚”与“实”是字义完全相反的两个字，它的同在说明其辩证关系。避实就虚是攻防技术中重要的战术，在实战中对方的技术动作肯定虚实同在，所以在与对方交手的时候要注意观察判断对方动作的虚实，从而相应地做出自己避实就虚的技术动作，以达到良好的技术效果。

全卫术特别讲究诱招，常常利用假动作迷惑对方，使之产生错觉，上当受骗，陷入被动，并立即果断出击，使对方避虚就实，这样常常会出现意料不到的极佳技术效果，所以

“兵不厌诈”就是这个道理。

7. 上拿下绊、协调一致

全卫术有一个通俗的说法，即“上拿下绊”，意思是说，上边用两手把对方拿住，下边用脚和腿绊住。这就说明上下相随、默契合作才能完成好整套的技术动作。因此，全卫术特别讲究手法、跟法、身法、步法的密切配合。

实战的情况是复杂多变的，既要攻击对手，又要防止对手的攻击，既要有上肢动作，又要有下肢动作，可谓“手脚并用，攻防兼备”。由此可见，高度的协调统一是非常重要的，这就是习武者常说的“眼到手到、手到身到、身到步到”的高超技艺。

二、技术动作

全卫术的实战招术是由多个基本技术动作组合而成的，所谓基本技术动作就是运用手、脚及身体其他各部位，相互有机配合做出的一些最基本的技术动作。因此，要想学好、用好实战招术，必须首先学会、掌握好这些基本技术动作。它包括手法、步法、臂法、腰法、腿法、脚法、肘法、膝法等不同的基本技术方法。要想掌握好这些基本技术动作，就必须经常不断地反复练习，做到持之以恒，这样得来的功夫才纯正扎实，才能达到一个很高的境界。现把一些经常使用的基本技术动作介绍如下。

1. 手法

武谚曰:“实战当中，手法为先，手是两扇门，配合腿赢人。”这两句话都说明了手法的重要性。手法则是手和手臂等肢体，有机配合做出的一些适合全卫术技术方法需要的基本技术动作。所谓“手型”就是为了基本技术动作的需求，手做出的不同的固定形状。

2. 步法

实战当中，要有一个有利于自身的攻防基本姿势，俗称“门户”，这个两脚站立位置的造型，就是步型。在步型的基础上，为了攻防技术方法的实施和运用，不断地变换（改变）身体的重心和位置，两脚前后、左右移动和上下腾跃的方法就是步法。它对技术方法的实施起着非常重要的作用。

3. 臂法

臂的基本技术动作在全卫术有些招术里起着核心作用，具有很强的代表性。

4. 腰法

腰是人体的主干，在人身体各项运动中都很重要，武谚曰:“力从腰出，气由腰发”，就是这个道理。因此，只有腰法好，才能使招术运用自如，技术发挥得淋漓尽致。

5. 腿法

传统功夫很讲究腿法，特别是有些门派以腿法为代表，武林中素有“南拳北腿”的说法，可见腿法是非常重要的基本技术动作。

6. 脚法

在全卫术里，脚法是一个很细腻的基本技术动作，在有些招术里是非常重要的，甚至是关键。

7. 肘法

肘是人身体主要关节，因此它的基本技术动作很多，如立、沉、支、按等。有些肘法在技术方法中还起着至关重要的作用，如顶、砸等基本技术动作。

8. 膝法

由于全卫术的招术几乎都是在近距离内实施的，因此膝法常常发挥出很重要的作用。有时甚至能一举定胜负，所以必须练好膝法，才能保证技术方法在特殊情况下得到有效的实施。

三、基本功法

基本功是学习掌握好中华武功的基础，只有练好基本功，才能够提高习武者身体的全面素质（力量、速度、灵敏、耐力、柔韧）；才能做到摔跤的出跤劲，练武的出功力；而且还可以提高内脏系统的适应能力和神经系统的反应能力，才能达到“手眼身法步、精神气力功”的八法高度的协调统一。全卫术是很吃功夫的搏击术，它的攻防技术复杂，并且瞬息万变，因此不但要加强提高身体全面素质，更要加强和提高手、指、臂等部位的力量和触感的灵敏度的基本功训练，才能达到“手见手、无处走”的境界。演练基本功要做到“拳不离手、曲不离口”，不能三天打鱼，两天晒网。要有冬练三九、夏练三伏的刻苦精神。基本功可分为徒手基本功和器械基本功。但在习练全卫术基本功时必须懂得“重不如轻，轻不如空；沙不如粮，粮不如空。”的哲理。

第二节
竞技散手

散手大赛，就是参赛人员运用各自的看家本领与最擅长的功夫，按着规则进行徒手较量，尽显各门派的攻防技术，所谓的看家本领与最擅长的功夫不外乎中国武艺中的“抓、拿、摔、打、踢、躺”六门功夫（技术），也可以说是核心技术，它们相互融合、相互滋养、相互激发、迸发特点、相辅相成、自成体系，演绎出众多的门派、拳术、搏击术，如抓拿术（抓击术）、擒拿术、摔跤术、手搏术、腿击术、地躺术（寝技术）。

全卫术的实用招术是从实践中来，又在实战中得到印证的实战招术。它的实用竞技性很强，它的技术全面、手法严谨、绊法快捷，要想学会用好这些招术必须勤学苦练，做到真爱、真学、真练、真战。

一、20 世纪 60 年代初，参加北京东郊区运动会

20 世纪 60 年代初，一个玉米金黄黄、谷子金灿灿、稻穗金闪闪的季节里，我参加了北京东郊区运动会的摔跤武术比赛项目。因我们村历来有尚武的习俗，所以我们村前去观看摔跤武术比赛的人特别多，得有上百人。比赛那天，在赵全福、王维跃、赵淑兰的带领下，我们徒步而行，因为运动会的赛场距离我们村只有两里多路，徒步也只需二十几分钟。头上是湛蓝的天，脚下是金黄的地，清新的空气使人神清气爽，丰收的景象让人憧憬未来。二十分钟后，我们到了运动会比赛现场，远看彩旗飞舞，红旗飘扬，近看人流如潮，观者如堵。农谚说得好，“七月十五看旱涝，八月十五定收成”。这是一个广大农民喜庆丰收，千家万户欢聚团圆的大好时节，庆祝丰收、祝贺团圆就成了这个时节的文化主题，运动会恰恰包容了这两个文化主题。这时锣鼓宣天，赛场热闹起来，踩高跷的，耍狮子的，跑旱船的，扭秧歌的，耍钢叉的，练三节棍的……围着比赛场地进行着行进表演，大喇叭里不时传来解说员热情洋溢的像吟诗一样的解说。半个小时

以后，检录处的喇叭传来了："现在摔跤武术比赛马上开始，请运动员入场。"我精神抖擞、信心百倍地走入赛场，跟我对阵的那个人，身高足有一米八，体重看上去也得比我重十多斤，那时的农民运动会对体重的区分不是太严格。裁判一说开始，我先下手为强，双手攥住了对方的小袖和大领，立即坐腰，同时双手往下猛扽，第一下对方纹丝不动，我接二连三往下坠扽，对方为了保住重心，只有向后挺身，我乘机右脚划步，绕到对方右腿后面，用力抽打对方的右腿，同时右手相帮，向下猛力铡压对方肩上部分，使他向后翻身倒地。第二跤开始，斗了半天的手，说什么对方也不让我攥手，这时，我佯装攥手，乘对方只顾不让攥手之机，我用双手按拿住了他的双手，并迅速用右手向左推掖他的左手，同时，我右脚迈到对方左腿后侧，立即下腰用右臂穿裆一靠，使他向后翻身倒地。这次比赛我获得了青年组的第一名。本村的村民感到无比自豪，赵全福、王维跃异口同声地提议道："干脆趁这个东风，把咱们村也立起一个习跤练武场，好让顾家庄村有一个传承发展摔跤武术的场所。"于是，顾家庄习跤练武场顺势而生。

二、20世纪60年代，参加京北散手擂台冠军赛

20世纪60年代，一个芦花白、芦花美、花絮满天飞的季节里，我组织了一个为期九天的“京北散手擂台冠军赛”。这是一个不冷不热、少风少雨、半农半闲的季节，正是各地区农民举办各种对抗性很强的体育运动的时节，也是文人墨客应词唱曲、赋诗作画的好时节。擂台赛就设在我的家乡顾家庄村东头的场院里，说是场院，其实它早就失去了场院的功能，现在是顾家庄村民们商谈议事、文化娱乐、运动休闲的好场所。现在叫“顾家庄村文化站”。说它是好场所，是因为它紧挨着一片风光旖旎的芦苇塘，空气湿润，环境良好。

芦苇塘是因环绕着顾家庄村一条蜿蜒的小河产生的，这条小河多一半是浅水域，少一半是深水域，浅水域里不知何年何月长出了芦苇。芦苇这种植物全身都是宝：苇子根能入药；苇子锥可尝食，苇锥长大后，密密麻麻铺满了整个小河，碧翠的苇锥，像无数个守护本土的绿色卫士，就连想从中间穿过都是很难的，必须横七竖八地踮起脚才能走过去；苇子秆能打苇箔，能编席，能造纸；特别是苇叶和芦花，是季节的鲜明特征。苇子叶是包粽子的优等材质，顾家庄村芦苇塘的苇叶，是周围十里八村的居民公认的大小合适、柔软适度、嫩绿好看的包粽子的无可替代的最好材质，因此，端午节前夕，会有很多的周围居民，甚至北京市里的

居民都前来“偷”苇叶。每当轻风拂拂时，苇叶随之来回摆动，惊起了藏在芦苇塘里的红靛壳、蓝靛壳、窜柳、鸳鸯等各种鸟类，它们有的纷纷蹿出，栖息在芦苇叶上，随碧波来回摇摆，仿佛在荡秋千；有的在水里随水波来回畅游，鸟儿们叽叽喳喳地欢叫着，鸳鸯们爱情的歌声欢唱着，和着河上小桥少儿们用苇叶裹成喇叭的嘀嘀嗒嗒声，此时，风的习习声，水的潺潺声，苇叶的哗哗声，鸟儿的唱鸣声，少儿喇叭的嘀嗒声，交响在一起，冲出芦苇塘，直入云霄，汇成了一曲天人合一、自然和谐的天籁之声。每当夏雨淋淋时，就会有三五成群的少儿们顶着能遮雨的大蓖籽叶，有的在小河边撅着屁股逮小鱼，有的到苇塘里弯腰矮身抓小鸟，还有的在小河岸上光着身子抹泥鳅。此时节，常有一些爱好文学艺术的痴迷者，站在水雾朦胧的小桥上，听着雨打芦苇响竹笛的美妙声音，望着小桥、小河、小孩、小鱼、小鸟……这一派自然景象，可叹！水墨丹青也无法描绘这人间仙境，余音绕梁的音乐也无法再现世外桃源传出的清新、空灵的神外之曲；花絮满天飞，最能使人浮想回味，遐想连篇。此时、此景、此地，使我回忆起全卫术十年来长足发展的历程，其中的甜、酸、苦、辣、香，只有自己知道。展望未来，通过这次“京北散手擂台冠军赛”，一定会使全卫术在京北大地生根开花。九天的擂台赛使我的声名大振，在近一个月的时间里，前来顾家庄习跤练武场以武会友的各地武林高手有数十人之多，使我印象较深的有三场切磋比试，俗语说：“东武

（指的是北京到天津蓟县）闪、展、腾、挪；西武（指的是北京到山西大同）挨、帮、挤、靠；北武（指的是北京至长城内外）抓、拿、搂、抱。”因此，我是兵来将挡，水来土掩，以己之长，制彼之短。有一次，东武的人前来切磋，比试刚开始，他急不可耐地纵身一跳，跃起后双脚向我右肩部踹来，我以柔劲相接，泄彼的刚劲，并同时走崴步，腰发力，双肩猛力绷抖，使他的刚劲转移了方向，对方只有头重脚轻地摔在地上。又有一次，西武前来切磋，对方上来双手一晃，立即钻裆抱住我的右腿，我迅速用右手捂按着他的头部，同时用右脚外侧蹬别他的右腿，使他向前翻滚倒地。还有一次，北武的人前来切磋，他主动进招，左手拿着我的右手腕，我立即用右手向左佯装猛摇，我趁他向右使劲之机，立即右手翻腕拿着他的左手腕，往回一扽，使他左臂伸直，同时用左手捂按着他的手部，此时，我双脚滑步，全身发力，双手用力绷捅，使对方腾空而起，摔在三米开外……我带领赵宝全、崔建利、闻富聪、闫新生、张建军、赵宝义等众弟子，经过九天的艰苦鏖战，由于知己知彼，战术得当，取得了预想的硕果。

三、20 世纪 70 年代，参加冶金系统摔跤武术比赛

20 世纪 70 年代，一个九九加一九、耕牛遍地走的季节，

我接到首钢工会通知，让我到石景山苹果园体育场去参加冶金系统的一个中国式摔跤邀请赛暨传统武术表演赛，我带领陈智琦、丁广福、董振锡、董守堃、赵永庆、赵宝全、刘涛等人到赛场为我助威。一到体育场，就看见体育场大门前被许多人围得水泄不通，他们举着手踮着脚在喊叫："有退票的没有？"我分开人群，往里挤着走，也许这些跤迷有许多认识我的，就为我闪开了一条路，我进入大门后，就听裁判在喇叭里喊，让我去做准备。体育场内看台座无虚席，体育场内的运动区域有两三个篮球场那么大，我的对手是一个轧钢系统的跤手，身高一米八以上，体重八十公斤以上。因为是邀请赛，体重差别要求不是太高，虽然我身高一米七三，体重七十八公斤，但我的基本功扎实，体能超众，技艺精湛，再大的体重在我面前也没有任何实际意义。比赛开始，我们两个猛打猛拼起来，因为双方都是右架，因此都不好抓把，我立即换成左架，双手下垂，使对方上当，对方立即用右手抓住我的左袖上口，我顺势用左手抓着对方的右袖下口，用力耘带，同时左脚背步，并立即用右手抓住对方大领，右脚迅速败步，趁对方向前欺身之机，立即用右腿扔别对方，使对方腾空倒地。顿时，全场响起一片叫好声，叫好声还未停下，我又给了对方一个手别子，又使他双脚腾空侧身倒地。此时，掌声和叫好声响彻整个体育场。我的手别子使用方法与一般稍有不同，在当时，我的基本功很好，一米七三的个子，可擦地使用各种动作，因此，等我使手别子时，右手直接按对方的虎眼，长腰、拧崴桩步。比赛结束后，我正要离场，大赛组织者刘某某赶来对我说：“你得等着领奖啊！”我说：“今天我有事，真没时间等了。”刘某某说：“那也得把你的铁鞭亮一亮，让武迷们开开眼，让观众们饱饱眼福。”我说：“行！”我从赵宝全手里抽出钢鞭，我的钢鞭与一般的钢鞭不同，它超重超长，是链子鞭，它的技法特点是：远抽近打、绕身撩，摆莲踢鞭双脚接，鞭掷空中当镖打，缠器绕械近抖鞭。于是我拉开架势走了一趟鞭，博得了在场观众的阵阵掌声，正像首钢记者赞誉的那样：“舞动起来如行云流水、戛然而止、收放自如。”因为我的跤技、鞭艺震惊了在场的跤迷、鞭迷，赛后，许多人找到我，希望我到他们那儿聊聊，给他们说说手……如，老古城、杨庄一代的“严家”和“刘家”都托我的同乡侯某某说情，请我务必到他们那儿叙一叙，表示出向我学练的意愿。我说：“现在我实在没有工夫。”侯某某对我说：“你怎么也得冲我的面子去一趟，要不然就先上老古城一趟……”第二天，我到了老古城姓严的家里，他家有一片房屋，前面是一片菜地，有几个人早已在那里等候，见我进来，立即就上前迎接问候，坐下来之后，我们攀谈起来，那几个人先后“吹捧”一番我的跤技，我随口说：“我感觉还没撂出水平，愧对师父对我的栽培，你们希望我现在收你们为徒，这事我认为为时过早，咱们能不能以后再说！”那几个人说：“暂时不收徒弟也罢，您给我们说说昨天那两个跤。”我毫无保留地给他们说了说手，在以后，老古城的、庞村的、玉泉路那边的许多人都找我来请教。庞村有个叫大程子的，这人身材魁梧，身高一米八以上，我给他说过几次手，使他跤技大长，后来还得过北京市冠军。

四、20世纪90年代，组织策划参加首钢第一届“钢花杯”中国式摔跤大赛

20世纪90年代，一个花红柳绿、风和日丽的季节里，我参与组织了首都钢铁公司举办的“首钢第一届‘钢花杯’中国式摔跤大赛”。首钢报讯：“定于5月6日举行的首届首钢‘钢花杯’中国式摔跤大赛的预赛，将使跤迷们一睹博大精深、变化莫测、斗智斗勇斗力的中国式摔跤风采……竞赛原则依据1987年国家体委审定的中国式摔跤竞赛的规则。小组预赛采取淘汰赛，取前两名进行决赛。各单位初步选拔推荐，进入5月份预赛的21名跤手将在6个级别中角逐。”首钢报讯：“5月10号，首届首钢‘钢花杯’中国式摔跤大赛历时5天，在跤手们出神入化的搏击中落下帷幕……经过激烈角逐，赵全才、吴广平、陈学勇、刘涛、张庆龙、隗建国分获6个级别的冠军。”此次摔跤大赛，从各级领导的重视程度、大赛的规模、跤迷参与的人数上看，都是空前的，它达到了预期的目的。在闭幕式上，首钢总公司霍书记发表了热情洋溢的讲话，他代表首钢总公司热烈祝贺“首钢第一届‘钢花杯’

中国式摔跤大赛”取得圆满成功，同时要求各级组织认真开展传统体育运动，丰富职工的业余文化生活。

五、20世纪90年代，组织参加首钢第一届厂区与城区散手对抗赛

乘“首钢首届‘钢花杯’中国式摔跤大赛”取得圆满成功的东风，我于同年，在天高云淡、轻风送爽的季节里，我以首钢摔跤散打协会的名义，在首钢武馆举办了首钢厂区和城区的散手对抗赛，首都钢铁公司像一颗璀璨的明珠，镶嵌在北京西长安街沿线的尽头，它号称“十里钢城”。它是一个跨地区、跨国经营的特大钢铁联合企业，职工人数众多，分布地区相当广泛。因此，组织一次全公司的大赛，就好像组织了一个小型全国大赛。没有很长一段时间是组织不起来的，经过一个月的淘汰选拔，最后产生了参与对抗赛的10个运动员。经过三场对抗赛，赵全才、隗建国、赵国庆、蔡振华、吴广平分别获重量级、次重量级、中量级、次中量级、轻量级冠军。

在“首钢首届‘钢花杯’中国式摔跤大赛”与首钢首届厂区与城区散手对抗赛之后，在首钢掀起了一个传统武术热的高潮。首钢武馆经常有各地习跤练武者前来切磋比试。有一天，下午训练刚结束，突然有三个人闯进首钢武馆。为首

的是一个身穿褡裢，脚蹬摔跤鞋，身高马大的人，看来是个撂跤的。后面两个紧衣短打扮，脚蹬靸鞋，看来是个练把式的。为首的那个人嚷嚷说："我们今天要跟首钢双冠军的赵师傅切磋切磋！"徒弟吴广平和隗建国上前解释道："我们训练刚结束，赵师父也挺累的，改日再切磋吧。"我看来者不善，只有切磋比试才能解今天这个事。我对为首的那个人说道："你们想怎么个切磋法？"他说："我跟您撂三跤，后面两个，每个人跟您竞技切磋一下。"我欣然答应，同时说："那就开始吧。"为首那个大个儿拉开架势，我一看出架，再一看他那跤鞋，就知道他肯定是左架，我也以左架相迎，他立即伸出右手掏抓住我左小袖上口，我趁势用左手掏抓住他的右小袖下口，猛一支捅，借势回扽，右脚盖步，同时横右腿一别，右手相帮，捂摁着他的头部，长腰甩脸，以排山倒海之势，把对方抽翻掉地……我对大个儿说："算了吧，今天别摔了，跤赌头一下……"大个儿说："我没事，我还能摔。"我一看，只有如此吧。第二跤，对方此次没有急着抓我的小袖，我趁势用左手抓拿着他的右小袖，右手相帮，用力一挂，趁势搂抱着他的脖颈，左脚背步，用右腿挂别对方的右腿，以破釜沉舟的劲头，地下见，使对方翻身仰面倒地……这时，我对大个子说："剩下这跤就别撂了吧"，大个子也无话可说。

此时，我又问后面两人："你们谁先上，还是同时上？"那两人异口同声说："一个一个地比。"其中一个人立即扑上来，伸右拳直奔我身体上部，我趁势左闪，同时用右手抓住他的右手腕，稍一翻拧，并迅速用左手按压着他的右肘关节，同时起右脚撮起他的左脚，对方迅速盘腿抽出，此时，我立即用右手顺势捂按着他的头部，向右下方挤压，同时用右脚再撮他的左脚，使他翻身倒地，一下见输赢之后，另外一个上场了。这个人吸取了头一个人的教训，不主动去抓打，跟我兜上了圈子，此时我迅速滑步，用右手抓着他的左手腕，并用力回扽，借他往回夺臂之机，两脚向前滑步，腰发力，用右手向后猛一支捅，我借对方向前扑压之力，右脚迅速走车轮步，右手用力绷抖，使对方仰面擦地而倒。

六、21 世纪初，组织参加北京东方全红体育健身中心散手擂台冠军赛

21 世纪初，在乍暖还寒的季节里，这也是人们释放一冬天储存的能量实现奋斗目标的季节，更是一个习跤练武者用烙饼卷酱肘子，用馒头夹酱肉，用芝麻酱烧饼夹酱牛肉的真吃真喝真较劲的时节。我以“北京全卫术现代武功竞技文化全国研究发展中心”总教练的身份，以首钢双冠军的名义，在北京东方全红体育健身中心举办了一个东方全红散手擂台冠军赛，北京东方全红体育健身中心是北京市当时最大的以摔跤武术为特点的民营体育健身中心，它包括（包含）：北京东方全红健身健美馆、北京东方全红摔跤武术民俗表演馆、

北京全卫术文化艺术民俗说唱茶社、北京东方全红台球乒乓球馆、北京市老跤友联谊会、北京丰庆楼大餐厅、北京东方全红办公大楼、北京全卫术现代武功竞技文化全国研究发展中心（坐落在一所中式的四合院内）。

健身中心内场馆高大、窗明几净，有现代化的专业设备和设施。公司内有一个小月季园，绿篱围绕着场馆的周围，大门内外全是绿草坪，门前还有一个大花园，中间有一座喷水池，大门内外鲜花绽放，花园内银杏树、泡桐树等树木郁郁葱葱，在春秋两季，喜鹊、麻雀、蓝靛壳、苇喳子、长嘴鹗等鸟儿尽情歌唱，这难道不是休闲健身的好场所吗？在晚上，彩灯打在黄色墙体的主楼上，写有“北京东方全红体育健身中心”和“全卫术、摔跤、散打、健美、健身、乒乓球”等经营项目的两块红色广告牌上的射灯全部开放，整个主楼呈现出红、绿、黄等颜色相同的彩体，此时，路灯和花园灯全部开放，使本来就十分迷人的公司夜景更加色彩斑斓，成为五环路畔的一道亮丽风景线，吸引了不少五环路上的过客前来欣赏参观。那时，每天晚上都有很多到这儿休闲娱乐的人。北京东方全红体育健身中心是一个文化企业，一个绿色企业，一个惠民企业，开业之后，从优惠到免费，北京四面八方数以万计的体育爱好者都到东方全红健美健身或习跤练武。因此，北京东方全红体育健身中心在本地区影响很大，它坐落在京北五环路畔，与北京朝阳区望京小区一条五环路之隔，而望京小区就是北京最大的小区，也是北京居住外国人最多的小区，在此设擂台，就会跟世界上许多习跤练武者以武会友，影响很大，甚至会产生轰动效应。因为要想把“北京全卫术现代武功竞技文化全国研究发展中心”立在本地区，按照跤坛武林俗规，要想立馆（场），必须以武会友，竞技散手后“胜了则立，输了则走”，擂台赛诚邀世界各地摔跤武术爱好者前来打擂。擂台赛本着以武会友、竞技散手、各献绝技、共同提高的理念，我同妻子范德俊，和长女赵红雨、小女赵红雪，带领弟子赵宝全、洪建华、张金锁、赵红刚、霍彪、赵亮、赵红伟、马振、马超、郑君意、苏娜、李燕、赵宁、施晓丹、刘旭光等众弟子艰苦奋战，以压倒气势，传统绝招，赢得了胜利，守住了擂台。

在北京东方全红体育健身中心摆了为期一个月的擂台，在社会上产生了非同凡响的效应，擂台赛引来了数十位前来切磋比试的海内外武林高手。使我印象较深的一次切磋比试，是望京地区许多海外习跤练武者，组织了二三十位前来切磋，这群人里，有练柔道的，有练拳击的，有练自由搏击的，来馆里之后，我们列队迎战，第一个出场的是一个身材高大的选手，身高足有两米，我跟他过手，首先让他不能沾身就得倒下，一碰面，他左手就给我一直拳，我矮身右闪，并顺势用左手推抓他的左肘部，向其右方推掖，右脚同时上步，右手相帮，搂按着他的腰部，迅速走崴桩，拧胯一绷，使他向前翻身倒地。

接着上来一个有一米七左右，身材敦实的，看来他像个练柔道的，一碰面，他两手急着抓把，我左右逢迎，不给他把位，这时，他左手要抓我的中心带，我乘他向前扑抓之机，迅速抓着他的左手腕，用劲回扽，使他向前来了两个趔趄，我趁势右脚走车轮步，并用右手旋扽他的左臂，使他翻身倒地。他爬起来之后，连续向我攻击，而且迅速用左手抓着我的右手腕，我顺势往回一扽，向前屈臂抬肘，趁机向下翻抓着他的左手腕，用力下扽，乘他抬起一条腿之机，左脚向左上一步，同时右手用力绷抖，使他腾空落地。

接着又上来一个身高一米八左右，身材魁梧的对手，他上场就直拳摆拳地一通向我袭来，我跟他保持一定的防守距离，我乘他用右直拳向我袭来之机，我用左手格挡着他的右拳，双手捯拿着他的右臂，并顺势下扽，乘他挺身后仰，我趁势用左手掏抓着他的右腿折弯处，同时用右手猛推击着他的右肩，使他翻身倒地。

第三节
见 义 勇 为

习武者应以武德为上，武德就是保护祖国和人民的利益，在关键时刻敢挺身而出，敢见义勇为。这也是每个习武者应尽的责任和义务。日常生活工作实践中，我认真履行这一义务，多次为维护社会治安，保护人民的利益，保护人民的生命财产挺身而出。

一、20 世纪 60 年代，在北京四十八中任教时期

20 世纪 60 年代，我曾在北京四十八中学代课教学两年多，其间，我是师生拥护的学校护校队的负责人，曾经制止了多起所谓造反派们的胡乱横行与校外流氓地痞到校寻衅闹事的事件，保护了老师们的安全，维护了学校的正常教学秩序。如：

1. 一天上午，在上第四节课的时候，突然一位老师气喘吁吁地推开了我在讲课的教室的门，对我说："赵老师，有七八个校外的人到咱们学校来闹事。"这位老师的话音未落，一群手持皮带、木棍，为首的还拿着一把砍刀的人，就追到了我教课的教室门前，我站在教室的台阶上，向这帮人严厉地呵斥道："你们是什么人？竟敢在光天化日之下到学校来撒野！"而他们这些人却大声地喊叫着说："谁让你们上课的？赶紧停课！"我说："你们有什么权力来管学校的事？"那个持刀的人举着刀，冲到我面前说："你们要不立即停课，我就把你们教室给砸了！"我顺势抄起在讲台上的教鞭，指着他们说："你们这是在犯罪！现在我就来制止你们犯罪！"我用教

鞭点闪了一下持刀人的头部，趁势用教鞭抽打了他持刀的手，咣当一声，砍刀落地。我拿着教鞭冲后面的人大声呵斥："赶快滚出学校，不然的话，也是这个下场！"这些人一看事态不妙，灰溜溜地逃走了。

2. 一天中午，我正在餐厅吃饭，一位护校队员从外面跑来，急忙对我说："你快去看看吧，有一群校外的人来闹事，他们嚷嚷着要到学校来斗某某老师！"我赶紧跑出去，只见前面有一群人胡乱嚷嚷着向餐厅走来，那时的餐厅和礼堂是连接着的，他们这是要上礼堂的大讲台上施威，只见有两个人分别拧住这位老师的左右胳膊，还有一个人用细铁丝捆着一块砖头，上面弄了一个套，他正要用这个套，往老师的脖子上套，我上前去，推开左右拧胳膊的人，顺势一脚把正要给老师套砖头的人踢倒在地。此时，这帮人里有一个人高声叫道："这是会摔跤的那个赵老师，咱们别找不自在，一帮人也打不过他，快逃！"

3. 一天下午，我担任班主任的那个班正在上体育课，我也到操场上去观看，这时，我发现全班的同学在向一个方向指指点点，我向那个方向一看，只见有三个流氓打扮的人，正在交头接耳、嘻嘻哈哈，并且指着班里的学生，好像在指着女同学。体育老师上前驱逐这三个人，这三个人不听，还满嘴粗话。此时，我上前帮助体育老师驱逐他们，我对他们说："你们不爱念书，又挺年轻，到外面找个活儿干干，才是正事，你们这样做有什么意义呢，你们还是赶快离开吧。"

三个人嘴里还不干不净，想揪扯那个体育老师，我立即上前把那为首的一个穿着花衬衫、留着大背头的人踢翻倒地，其中一个胖墩子上前抱着我的右腿，我顺势使了一下蹬别，使他向前翻滚倒地，三人一看，自知再纠缠下去没有好果子吃，气急败坏地嚷嚷道："你们记住，早晚报复你们……"我说："我就是这个学校的老师，你随时可以报复，我随时奉陪！"

二、20 世纪 70 年代，在首钢工作时期

在首钢工作期间，我制止了多起厂内因生活工作矛盾和厂外因各种纠纷来厂闹事的伤人事件，维护了工厂的正常生产秩序；并协助地方派出所打掉一个流氓犯罪团伙，为维护社会治安作出了贡献，因此受到了首都钢铁公司的表彰与奖励，并荣获了北京市公安局颁发的"北京市先进治保积极分子"的奖章以及《北京日报》的登报表扬。如：

1. 20 世纪 70 年代，一天下午五点左右，我正在带徒弟丁广福在车间旁的一块空地上练功，就见从我们旁边走过了几拨三五成群的人，向更远的一块厂边的空地走去，一会儿就听见那边吵嚷起来，不时传来了叫骂声，一会儿就传来了噼里啪啦的打斗声。我立即让丁广福前去查看，没走到那片空地，丁广福就回头叫我说："师父您快来吧，出事了，这事不

管不行！”我立即向那个方向跑去。只见两边人正在扭打，双方各有一个带头的，这两个带头的我都认识，他们都是新入厂不久的职工。这次事件是因为宿舍床位产生了口角，谁也不服谁，就打起来了，我向那两个领头的人大声命令道：“你们立即停止打斗，不然会出事的，后果也不堪设想！”两个人不听劝说，继续掐起来了。我上前去用两手分别抓住两个人的脖领，左脚一踢，右脚一撮，把他们摔翻在地，顿时产生了震慑作用，双方立即停了手。我借机对他们进行了厂规教育，而且对他们晓之以理说：“咱们来自五湖四海，都是为了钢铁事业而来，要互相搞好团结才对……”这时大家也立刻醒悟过来，纷纷发出友好的声音。两个带头人向我抱拳致谢，大家分别散去。

2. 20 世纪 70 年代，一天下午，我正在前门的公交站等车，汽车进站以后，乘客按顺序上车。突然，我前面那个人刚踏上汽车，就被他前面那个人给踹下来了，大家都惊呆了。我一看就非常愤怒，立即挤上车来，那个踹人的人同样也向我踹来。我一收腹，再一运气，腰上发力，把那个人弹起，摔在司机后面的座位上。我上前揪着他，大声质问：“你为什么踹人？耍什么流氓？”他说：“我们俩打架关你什么事？”我紧跟着说：“你为什么也踹我一脚？”他说：“你挤上车来就为打抱不平，所以我先下手为强。”我说：“这回你还先下手吗？”我把他从座位上揪起来，命令他把车下的人扶起来，并且向他道歉。车上的乘客见状无不拍手称快。我趁势又对他教育了一番，车起第一站，那个打人的人就下车了，他可能是因为这次没占着便宜，丢脸了，栽了。

3. 20 世纪 80 年代，一天上午，我正在车间查看生产情况。走到一、二台连铸的梯子口，就听到连铸平台上面有不是生产的异常声音。我迅速走楼梯上了平台，发现平台上有两个人在扭打，旁边还有几个人在拉架。我急忙跑上前分开众人，用力薅起骑在别人身上的那个刘某某，他用劲跟我挣蹦，我立刻用了一个扒眉脚，把他摔翻倒地。那个躺在地上的姜某某站起身后，立即向刘某某扑去，我一手抓住了刘某某的脖领，另一手推抓着姜某某的肩部，使两人动弹不得。我让他们说说因为什么打起来，原来刘某某的妻子也是这个班组的，现在怀了孕，他怀疑姜某某因成见不给他妻子调换岗位，以保孕期健康。我对刘某某说："对孕期健康是有明确规定的，如果姜某某不按规定办事，我这车间主任就会处罚他的，你们俩在生产岗位扭打，违反了厂规厂法，一定要处分你们，再说了，你们俩在梯子口扭打，如果滚下梯子怎么办？"因为平台距地面有七八米高，我对他们进行严厉的批评后，让他们握手言和了。

4. 20 世纪 80 年代，一天下午，我的小学同学白某某到我家，请我帮助派出所破获一个流氓犯罪团伙。我这个同学当时是这个地区的治安联防办公室的负责人，我答应了他这个请求。按着他们的部署和要求，在一天上午，我带领一个和我习武的本村兄弟，按时去他们部署的地点。离得老远，我就看见前面有一群人正在撕斗，我立即从一户的篱笆帐子中撅了半根棒秸秆，向出事的地方跑去。发现三个联防办公室的人想铐拿住三个流氓分子，这时，不想后面又来了三个流氓犯罪分子，其中一个身高马大的人还拿着菜刀，他们仗着人多，一边呼叫着助威，一边加入抵抗的行列。我见情况紧急，立即冲上前去，用棒秸秆直刺拿刀人的脸部，所谓一寸长一寸强，逼对方向后仰身，此时他拿菜刀的手已无力进攻，我迅速顺势用左手托拿着他的右手腕，并向后猛撅，同时左脚上步，用了一个抹脖脚把对方摔翻倒地，一个联防办公室的人立刻拿手铐将其铐住，那两个也被我同村兄弟左一下掏腿，右一下摆莲脚，把他俩摔翻倒地。这时联防办公室的增派力量也过来了，大家一起把这几个流氓分子全部铐拿住，带到派出所去。

5. 20 世纪 90 年代，我任生管会主任，分调房工作是我主管的一项主要工作之一。在分调房工作中，各个单位都有过伤人事件。一天中午，我在办公室休息，就听外面有人嚷嚷，随后对面办公室的门被人踢了三脚，声音很大。我生气地拉开门，问道："谁在踢门？"有一个个头儿在一米八左右的人，手持裹住一个类似长刀的东西，闯到对面的办公室去，挺横地说："谁是管分调房的？"对面的李某某应声道："我是管分调房的。"此时，他立即靠近这个分调房的负责人，手拿着那个东西，放在负责分调房那个人的肩上，狂躁地嚷道："为什么分调房没有我，你是不想活了吧？"这时，屋里屋外已经有了很多围观的人。我冲上前去，用右手拿着他持东西的手腕，左手相帮，推着肘部，用力反拧，使那个东西脱落掉地，并双手顺势用力绷抖，把他摔出两米开外。此时，保卫科的人来了之后把他带走了。周围的人才从惊魂中定了下来。我安慰了李某某几句，然后让大家按部就班地工作去了。

第二章

全卫术的文化艺术性

父亲对我传授家传武艺时，要求非常严格，技术动作非标准不可，技术方法非熟练不可。您说：“熟能生巧，巧能生艺，艺能生美。”因此，我的功底瓷实，技术动作标准，在少年时期，就已经成为地区摔跤武术高手。父亲秉持要成为摔跤武术大家，必须要有深厚的文化根基的理念，让我努力学习传统文化中的武学、文学、哲学、史学、医学、艺术、音乐、饮食、民俗等众多门类，这些门类相互依存、相互滋养、相互激发、相互发展，它们是兄弟篇章、姊妹艺术，也就是说，不仅要精通武术中的踢、打、摔、拿；还要读懂文学中的诗、词、歌、赋；知懂礼俗中的拱、揖、拜、寿；会懂茶道中的沏、泡、品、华；学懂学问中的兵、哲、医、史；识懂艺术中的琴、棋、书、画；听懂声乐中的吹、拉、弹、唱。从那时起，父亲在家为我开设了学习传统文化的小课堂。随着时间的推移，小课堂把我和二弟赵全保、三弟赵全明都培养成了摔跤武术大家，妹妹赵秀萍也成为武术名家。同时，小课堂也变成了能容纳几百人的大武馆，大武馆培养出了成千上万的全卫术爱好者，他们之间不乏许多全卫术高手。全卫术一直沿着小课堂摔跤武术大家要富有文化艺术的理念发展壮大着。

第一节
全卫术技术方法的特点

在我上小学时，父亲就让我习练家传技法，主要是习练专项基本功和鞭、棍等器械；上初中时，开始跟随二舅爷习练京城散手，京城散手实质上就是侍卫散手和民间散手相互融合的技法，主要是习练徒手格斗和空手夺器械；上高中时，开始跟随一代摔跤大师单世俊先生习练京城跤法，京城跤法实质上就是侍卫跤法和民间跤法相互融合的技法，主要习练单式跤法和三节棍等器械。遇到顶级的大师，上乘的武艺，对于我这么一个痴迷武艺的年轻人来说，是如愿以偿了！如饥似渴的勤学苦练，使得我鞭、棍、刀、枪无所不能；如切如磋的竞技比试，让我在市辖地区、首钢集团、全国冶金系统的摔跤武术比赛中取得了优异成绩，并获得过第一名。久而久之，在我身上自然形成了一种区别于他人，而又具有自己独特武艺风格特征的摔跤武术技法，它以家传技法、京城散手和京城跤法为基础。这种摔跤武术技法区别于现代任何武功门类，但所有武功门类的长处都能在这种技法内找到，这种技法在日常生活和社会实践中凸显出它顺应历史发展的特点，更体现出“京城散手”和“京城跤法”京文京格、京韵京味的特点。

“全卫术”现代武功与竞技武术的区别在于它更注重技术方法的传统性；它与传统武术的区别在于它更注重技术方法的竞技性；它与中国式摔跤的区别在于它更注重踢、打、摔、拿、躺等技击方法的融合性；它与国外武术的区别在于它更注重步型、步法和手、眼、身法、步统一的和谐性；突出技术方法的优美性。

第二节
全卫术技术方法的艺术性

全卫术——说它是艺术，是基于武艺和文化艺术同根同源；说它不是艺术，是因为现代文艺学科里没有“武艺”。全卫术诞生于现代文明社会，它必然带有现代文明的鲜明特征。它不但重视技击性、竞技性，更重视文化艺术性。

最初的原始艺术，物质实用对象与审美对象是分不开的。随着人类社会生活的发展，艺术才逐渐从物质实用对象中分化出来，就有了专供审美对象的——艺术。从“艺术”一词的“艺”字的演化中，也可以看出技术和艺术是不可分的。在甲骨文里，“艺”字是一个人在劳作种植的形象，可见在古代社会，生产劳动技术与艺术是不可分的。随着社会的文明发展，技术与艺术才逐渐分化。可现代的许多生产生活的领域，仍然保留着和原始意义的一致性，如武艺、技艺、手艺、工艺、农艺、园艺等。其实现实社会中，在有些非艺术种类的领域里，经常使用“艺术”与“艺术性”两个词汇，而且使用得恰如其分，正到好处。例如，把一个工厂、一个单位有创造性发展的领导有方，赞誉为“领导艺术”；把对大型联合企业生产与大型综合性组装工程生产指挥的完美组织，称赞为“指挥艺术”。这说明高度的人类智慧与熟练的劳动技能，成为一种创造性的活动，也就有了艺术的意义，特别是在竞技体育中，有个别项目竟以“艺术”一词冠名，如艺术体操、体育舞蹈。体育运动的快速发展，培养了人们观看竞技体育的审美意识。现在人们不但爱看比赛的输赢成败，而且还要从审美的角度看其是否有艺术性。如，其一，为什么人们爱看京城跤法和京城散手呢？除了它武艺上的高功夫，主要是它们有文化上的高格调：京文京格（文外之美、格外之雅）；艺术上的高品位：京韵京味（韵外之致、味外之旨）。正如北京的广大民众所言，摺跤武术是北京的技艺，一个字，就是“美”！看了北京的摺跤和散手，就会知道什么叫环立如堵，什么叫万人空巷，同时体验到三月不知肉味的滋味。其二，人们为什么爱看美国的篮球、巴西的足球？除去那是世界一流水平以外，主要是因为他们的技艺精湛，艺术性非常强，人们从中得到了美的感受，提升了审美的趣味。在人类社会实践中，“技”和“艺”你中有我，我中有你，互为其中，互为表里。对于文学艺术各种体裁之间的一致性和差异性，曹丕有过这样的阐述：“夫文本同而末异，盖议奏宜雅。书论宜理，铭诔尚实，诗赋欲丽，此四科不同，故能之者偏也；唯通才能备其体。”对于“文武不殊途”的深刻哲理和文武相途的文化理念，李白在《侠客行》里有过张扬的阐释。其实孔子也早已对“有文事者，必有武备；有武事者，必有文备”这一哲理进行过精辟的诠释。也就是说，文学恰恰是揭露假的东西，鞭挞丑恶的东西，为真、善、美讴歌的有力武器；武学正是惩治丑恶的东西，为真、善、美保驾护航的侍卫。它们都是保护真、善、美，促进真、善、美发展的伟力。这就说明“艺术”与“艺术性”两个词汇的文字意义已经有了新的原始意义。因为它们都属于大自然，本来文学艺术之间的内在相互联系和文学艺术与武艺的内在相互联系都是根同末异，它们的区别是由不同的学科文化给分开的。由此，可以说全卫术与舞蹈、雕塑、音乐、书法等艺术有着密不可分的内在联系：如它的技术动作里有许多变脸（甩脸、甩头）的短暂停顿的动作，就具有雕塑的意思；它的实用技法里如行云流水般连续不断的演练，似舞蹈；有节奏的基本功习练，如音乐。它技术方法里的实战对练，就像戏剧里的唱、念、做、打里的“打”；特别是中国电影的功夫片，就是中华武功艺术化的典型。因此，可以说全卫术具有很强的艺术性。

第三节
全卫术文化艺术发展理念

人类的社会实践产生了美，美就是生活，就是人们生产劳动的成果，就是一切美好的事物。全卫术是一个诞生在现代文明社会里的美好事物，它充分遵从自然规律，尊重科学规律，给人们带来了官能快感，突出了自然形式美。全卫术让我感到了摔跤武术界的认可、称赞和习武者喜爱、推崇的成就感，从中我看到了自己的力量、智慧和功夫，使我感受到了萌生的最初的审美愉快，这种审美愉快在全卫术科学健康发展的促进下，得以快速地发展。审美意识的不断增强，就要求全卫术向更具有文化艺术的方向发展，于是就诞生了全卫术文化艺术发展的新理念，即“四美”：崇尚美、追求美、实现美、共飨美。全卫术促进发展了人们的审美意识，使人们共飨了全卫术的神韵，为美好社会作出了贡献。

全卫术不但重视它的技击性、竞技性，更重视它的文化艺术性。顺应历史发展，全卫术一直把“四美”的文化艺术发展理念贯穿于全卫术的蓬勃发展之中。因此，全卫术的实用技法也呈现出极强的鲜明特征：科学性强、实用性强、观赏性强、艺术性强、文化性强、自然性强（即“六强”）。其实这“六强”就是全卫术发展的三个不同阶段（初级、中级、高级）。每个阶段又分别释放出三个段位，共计九个段位。

初级阶段

它主要体现出科学性强、实用性强两个特征。

它有三个段位，即

一段，强身健体；
二段，防身自卫；
三段，见义勇为。

要想达到初级阶段的标准，须功底扎实、动作标准、技术熟练、抗暴匡助。

因为全卫术的技术方法（实用招术）都是经过科学论证、实践印证的真功夫，只要达到这个标准，就能使习练者有见义勇为、抗暴匡助的本领。

中级阶段

它主要体现出观赏性强、艺术性强两个特征。

它有三个段位，即

四段，竞技比试；
五段，娱乐身心；
六段，培养美感。

要想达到中级阶段的标准，须技艺精湛、勇夺桂冠、招术独特、随心所欲。

在勇夺桂冠的基础之上，进一步精益求精，有自己的绝招，手、眼、身法、步、精、神、气力、功，八法高度统一，就能够练就观赏性很强，甚至是艺术性很高的实用技法。

高级阶段

它主要体现出文化性强、自然性强两个特征。

它有三个段位，即

七段，陶冶情操；
八段，修身养性；
九段，文武相途。

要想达到高级阶段的标准，须达到武艺高超、炉火纯青、出神入化、游刃有余。

在随心所欲的基础上，力图达到武艺高超、炉火纯青的程度，运用起来出神入化，达到游刃有余的自然境界，就能领悟到天人合一的文化高度，道法自然的本然意义。

要想达到“六强”，练到九段，还必须懂得六个哲理：力与巧相从；刚与柔相济；技与艺相和；形与神相通；文与武相途；善与美相一（即“六相”）。

力与巧相从：一力降十会，一巧破千斤。
刚与柔相济：一刚发必中，一柔泄必化。
技与艺相和：一技能夺魁，一艺才赢人。

形与神相通：一形迷众人，一神定乾坤。
文与武相途：一文高素质，一武高功夫。
善与美相一：一善行天下，一美神韵扬。

全卫术的爱好者，按照这九段，勤学苦练、不断登攀，就能共飨到全卫术给人们带来的武艺上的高功夫：出神入化（神外之曲、化外之音）；文化上的高格调：京文京格（文外之美、格外之雅）；艺术上的高品位：京韵京味（韵外之致、味外之旨）；精神上的高境界：真、善、美、德（真中有善、美中有德）（即“四高”）。

第三章
全卫术传承发展概况

1966 年以前：习跤练武、技艺超群、自成风格。

1966—1969 年：文化积淀、理论孕育、催生成就。

1970—1976 年：全卫术创始问世、实践检验。

1977—1995 年：全卫术授徒教学、推广传承。

1996—2001 年：全卫术口传心授、竞技传扬。

2002 年至今：全卫术口诵书授、文化传播。

第一节
全卫术传承发展概述

六十年以来，我们坚持以公益为主的为民服务的宗旨，坚持以走进学校、社区、工厂、公安、养老院、民企等单位为主，以顾家庄习跤练武场、首钢武馆、首钢跤馆、北京东方全红摔跤武术民俗表演传承发展中心、北京全卫术现代武功竞技文化全国研究发展中心等场馆为辅的传承发展之路，具体如下。

一、走进学校

1. 崔建利、赵宝全、闫新生、赵宝义、闻富聪、张建军等人到北京四十八中学、北京北苑中学等具体指导师生学练全卫术。

2. 张金锁、郑君意、赵宁等人到北京芳园路小学、将台路小学等具体指导师生学练全卫术。

3. 赵亮、赵红刚、马振、马超等人到北京名苑教育书院的两所小学、北苑小学具体指导师生学练全卫术。

4. 霍彪、任建春、霍新宇等到河北沽源第三小学、第五小学具体指导师生学练全卫术。

二、走进社区

1. 赵红刚、杨延玲、赵亮、赵红伟、赵红磊到北京朝阳区来春园小区、广华居小区、迎秋苑小区指导社区民众习练全卫术。

2. 赵红刚、杨延玲、李娜、赵亮、姜军、胡亚伟、刘小勇到望京地区多个小区指导民众习练全卫术、跳健身操。

3. 赵红刚、赵亮、李娜、姜军、胡亚伟、刘小勇到北京天通苑地区多个社区指导民众习练全卫术、跳健身操。

三、走进工厂

1. 吴广平、隗建国、陈学勇、于兴来、李洪森等人走进首钢厂区和城区指导职工习练全卫术。

2. 吴广平、隗建国到首钢迁安、曹妃甸厂区指导职工习练全卫术。

3. 赵红刚、赵亮、赵红伟、赵红磊到北京龙菲摔跤武术民俗表演传承发展中心指导职工习练全卫术。

四、走进公安

1. 张金锁、赵红刚等人到北京朝阳来广营派出所指导民警习练全卫术。

2. 吴广平、隗建国等人到首钢分局的保卫系统指导保卫人员习练全卫术。

3. 霍彪、任建春等人到沽源地区公安武警系统指导警员习练全卫术。

五、走进养老院

北京全卫术现代武功竞技文化研究发展中心，向北京江达养老院赠送武学类的图书百余本。

六、参加社会公益活动

1. 北京东方全红体育健身中心积极参加北京朝阳区来广营乡的各种有体育特色的公共活动，并获得朝阳区颁发的“朝阳区创建全国文明城区体育特色活动”的优秀组织奖。

2. 河北美德全卫术现代武功竞技文化传承发展中心，积极参加张家口市沽源县的各种有体育特色的公共活动，总教练霍彪获得了沽源县颁发的“沽源县第一批乡土专家”的光荣称号。

第二节
全卫术传承发展组建简况

一、北京全卫术现代武功竞技文化全国研究发展中心

顾　问：赵全才（北京朝阳区）

范德俊（北京朝阳区）

主　任：赵红雪（北京朝阳区）

副主任：钱啸程（北京朝阳区）

赵睿媛（北京朝阳区）

总教练：赵红雨（北京朝阳区）

副总教练：

赵宝全、吴广平、隗建国、高勇、王超

教　练：

霍彪、李骥超、赵红磊、赵红伟、赵红曦、苏娜、刘旭光、李燕

技术方法、指导组：

组　长：蔡振华

组　员：赵国庆、刘涛、张庆龙、陈学勇、刘增贤

传承发展、联谊组：

负责人：吴广平

负责人助理：袁爱玲

联谊人：

陈智琦、秦勇、金军友、杨德禄、武铁根、丁广富、杨延玲、刘丽君、李新建、兰静、任建华、曹焕芹、赵玉文、张玉梅、陈玉英、陈大贤、林文荣、程国庆、席善清、王维林、陈景文、景来军、孙凯、周尚跃、苏玉海、李洪森、王惠田、于兴来、王迅

二、北京东方全红摔跤武术民俗表演传承发展中心

顾　问：赵全才（北京朝阳区）

赵全保（北京朝阳区）

赵全明（北京朝阳区）

主　任：赵红雨（北京朝阳区）

副主任：钱啸程（北京朝阳区）

赵睿媛（北京朝阳区）

总教练：赵红雪（北京朝阳区）

副总教练：

夏玉生、洪建华、张金锁、霍彪

教　练：

赵红刚、赵亮、赵红冉、马振、马超、郑君意、佟茂亮、赵宁、施小丹

技术方法、指导组：

组　长：崔建利

组　员：闫新生、闻富聪、赵永庆、李长明

传承发展、乡情组：

负责人：赵宝全

负责人助理：王玉森

联系人：

赵全福、王维跃、赵永成、赵淑兰、赵淑英、丁玉贤、赵秀玲、王惠芳、马玉清、马进祥、安兰芹、赵宝兰、肖淑良、崔建飞、赵进环、马秀清、沈志远、马家福、张登科、赵宝林、安文亮、赵桂秋、徐燕平、呼微微、贾敏、郭惠英、孔爱秋、张银、侯璐

三、北京全卫术真善美德读书会

顾　问：赵全才（北京朝阳区）

会　长：范德俊（作者夫人，北京朝阳区）

副会长：赵秀萍（作者妹妹，北京朝阳区）

名誉会员：范德杰（北京朝阳区）、范德英（北京朝阳区）、范德贤（北京朝阳区）

会　员：

刘旭光（北京西城区）　　　　袁爱玲（北京朝阳区）

赵　宁（山西运城市）
赵宝兰（河北廊坊市）
杨延玲（北京首钢）
李新建（北京首钢）
任建华（北京首钢）
曹焕芹（北京首钢）
张玉梅（北京首钢）
贾　敏（河北张家口市）
李　燕（北京顺义区）
施晓丹（黑龙江省）
侯路青（河北邢台市）
张　璐（北京朝阳区）
郭凤金（河北廊坊市）
刘丽君（北京首钢）
兰　静（北京首钢）
赵玉文（北京首钢）
陈玉英（北京首钢）
任建春（河北张家口市）
苏　娜（北京昌平区）
孔爱秋（山东省）
张　银（河北沧州市）

四、北京平顺全卫术现代武功竞技文化传承发展辅导站

总教练：张金锁

副总教练：郑君意、苏娜

五、北京香景全卫术现代武功竞技文化传承发展辅导站

总教练：隗建国

副总教练：赵国庆、陈学勇

六、北京兴南全卫术现代武功竞技文化传承发展辅导站

总教练：吴广平

副总教练：蔡振华、刘增贤

七、河北美育全卫术现代武功竞技文化传承发展辅导站

总教练：赵宝全

副总教练：赵宝兰、郭凤金

八、河北美德全卫术现代武功竞技文化传承发展中心

总教练：霍彪

副总教练：赵亮、刘旭光

九、山西美善全卫术现代武功竞技文化传承发展中心

总教练：高勇

副总教练：赵红刚、赵宁

十、山东美艺全卫术现代武功竞技文化传承发展中心

总教练：王超

副总教练：马振、马超

著名摔跤家、武术家、作家、企业家、
新搏击术全卫术创始人、
《道·路》一书的作者：
赵全才总教练

讲课

热烈庆祝《道·路》一书出版发行
暨东方全红体育健身中心成立十五周年
东方全红体育健身
SUNPLACE SPORTS & FITNESS

拧臂撮 1

拧臂撮 2

拧臂撮 3

拧臂撮 4

回马刀 1

回马刀 2

回马刀 3

败中取胜 1

败中取胜 2

败中取胜 3

败中取胜 4

倒臂弹 1

倒臂弹 2

倒臂弹 3

倒臂弹 4

倒臂扒 1

倒臂扒 2

倒臂扒 3

支臂踢 1

支臂踢 2

支臂踢 3

小缠丝腕 1

小缠丝腕 2

小缠丝腕 3

大缠丝腕 1

大缠丝腕 2

大缠丝腕 3

缠碌指 1

缠碌指 2

缠磙指 3

缠撅指 1

缠撅指 2

缠撅指 3

大绞丝 1

大绞丝 2

大绞丝 3

荡秋千 1

荡秋千 2

荡秋千 3

指东打西 1

指东打西 2

指东打西 3

顺手牵羊 1

顺手牵羊 2

顺手牵羊 3

顺手牵羊 4

左抖鞭 1

左抖鞭 2

左抖鞭 3

右抖鞭 1

右抖鞭 2

右抖鞭 3

左摇踢 1

左摇踢 2

左摇踢 3

右摇崩 1

右摇崩 2

右摇崩 3

右摇崩 4

扫地风 1

扫地风 2

扫地风 3

流星手 1

流星手 2

流星手 3

云龙手 1

云龙手 2

云龙手 3

飞摆莲 1

飞摆莲 2

飞摆莲 3

飞摆莲 4

双左抖鞭 1

双左抖鞭 2

双右抖鞭 1

双右抖鞭 2

双右抖鞭 3

双右抖鞭 4

左右开弓 1

左右开弓 2

左右开弓 3

双解臂花 1

双解臂花 2

搂头盖脸 1

搂头盖脸 2

搂头盖脸 3

左抖鞭 1

左抖鞭 2

左抖鞭 3

智深推山 1

智深推山 2

大缠丝腕 1

大缠丝腕 2

大缠丝腕 3

出版发行
育健身中心创建十八年
方全红体育健身

SUNPLACE
东方全红体

SUNPLACE

SUNPLACE
东方全红体育健身

东方全红体育健身中心创建十八年
SUNPLACE

SUNPLACE
东方全红体育

SUNPLACE
东方全红体育健身

SUNPLACE
东方全红体育健身

第二篇 传统武功

原始社会，人类为了生存，充分运用狩猎这一重要手段来获取生活资料。在远古时候，人们主要通过徒手技能捕杀野兽。由于原始社会生产力低下，原始人群为了获取更多的生活资料、领地与各种利益，经常发生争斗。《吕氏春秋·荡兵》中说，未有蚩尤之时，"民固剥林木以战矣"。进入原始氏族部落（公社）以后，人们使用生产工具和各种能投掷的石块等作为武器，提高了争斗的战斗技能。进入了奴隶制社会，奴隶主为了争夺利益，战争更加频繁，随着生产力的发展，出现了青铜兵器的大量制造，使战争逐年升级。在商周时期，奴隶主、贵族为了消遣进行田间狩猎活动，但在周代出现了"两两相当"的个体搏斗形式，这种徒手搏斗的形式叫作"手搏"，同时也出现了习剑、论剑之风。

秦汉时期，将前诸侯们"以为戏乐，用相夸示"的较力活动，在秦朝完成统一大业后，正式更名为"角抵"。可见，古代的角抵（相扑）与角抵戏（百戏）不是同一种活动形式，角抵是两两相当、角力角技艺的竞技搏斗。

汉代三国时期，由于战场上需要，在军事战场上刀取代了剑，因而使剑基本上成了古代社会的一种司斗兵器，并且得到了进一步的发展。在《居延汉简甲编》中有“相错畜，相散手”之说。这就说明在汉代，已有了摔跤和散打。同时提出了“习武之德”的要求，也提出了师徒传承关系。

两晋南北朝时期，“两两相当”的徒手搏斗活动，在宫廷和社会上都有广泛的开展。晋代，将角抵称为“相扑”，相传东魏、北齐二朝都曾以角抵士作为君王的警卫。棍在此时期是一种常见的兵器，并总结出了习练的一套方法，成为一种“入白刃，取大戟”的专门技能，也有这样的说法，“人马逼战，刀不如棒”，同时也出现了“跳剑、跳刀”的杂技。

隋唐五代时期，唐代实现了武举制，这样就为社会尚武之风起到了推动作用，尚武崇侠也是唐代的普遍风习。这个时期的角抵、相扑还是一种两两相当的个体搏斗形式，一种像摔跤，一种像散打，在当时，军队中常以枪为主，枪技在当时的发展中还出现了“避枪、夺枪”的技能，如同“空手入白刃”，武技高超。

宋元时期，宋太祖注重武功，是位善御豪杰的人，它常让军事“习试武艺，或角力斗殴，以较胜负”，胜者人才“渐增俸缗，迁隶上军”。在元代，更嗜好角抵活动，也就是摔跤，宋代军中也有剑武，挑选军中勇士数百人，“教与剑武，皆能掷剑于空中，跃其身左右承之，见者无不恐惧”。同时，角抵相扑又称争交或角力，在社会上开展得非常普遍，如《水浒传》一书中有四次关于相扑的描写。其中的第二十九回中以“相扑为最”的蒋门神被武松用“扑手”玉环步鸳鸯腿打倒；第七十四回中燕青与擎天柱任原的擂台战，既有脚踢，又有手拿；第一百零四回中王庆与段三娘的相扑更是种有打、有踢、有摔的搏斗形式；第八十四回中燕青与高俅的相扑，其实都是散手竞技的形式，只是由于规则不同罢了。

由于宋代城市经济繁荣，出现了一些没有固定游艺的娱乐场所，又出现了勾栏瓦舍，在勾栏瓦舍里就有相扑、使拳、使棒的表演。明清时期是传统武功发展的繁荣期，拳种大量出现，门派林立，主要是对武功健身修性的重视，这就说明技击、健身、养性，三者密不可分。

明清时期，中国武艺有了更大的发展，各色拳种大量涌现，各类门派层出不穷。明代武举制的实施与推广，为国家选拔出了优秀的军事人才。清代更重视武举制，从而为清朝选拔出更多的军事人才。有关武术的论著大量问世，如《武编》《剑经》《纪效新书》等。

第一章
传统散手

中国散手可追溯到远古时期，人类为了生存，只有“手格猛兽”，无外乎用拳打、脚踢、搂抱、绊摔、抡摔、擒拿等原始的本能动作。由于部落的形成、战争的发展，人与人的搏斗技术也在提升，据史书记载，“轩辕之初立，有蚩尤氏兄弟七十二人，铜头铁臂，食铁石，轩辕诛之于涿鹿之野”。因此，“散手”又可称为“角抵”。

《礼记 · 王制》载“凡执技论力，适四方，赢股肱，决射御”，说明当时已经有了用“执技论力”“赢股肱”来决定胜负的相搏之技。《释名》释“相搏，搏谓广搏以击之也。然举手击要，终在扑也”。《穀梁传》载，周代有两个高手叫秦堇父与叔梁纥（孔子之父）“以力相高”。通过比赛，就有了技术上的交流和技艺的传授。

春秋战国时代，战国荀子著《荀子 · 议兵篇》“齐人隆技击”，这说明散手运动源远流长，为了使武艺得到交流，在每春秋两季，天下武林高手云集一起，以武会友进行切磋比试。《管子 · 七法》讲述了当时的情景：“春秋角试，……收天下之豪杰，有天下之骏雄”，“故举之如飞鸟，动之如雷电，发之如风雨，莫挡其前，莫害其后，独出独入，莫敢禁围”。这说明散手技艺已经到了很高的阶段，正如《庄子·人间世》说：“且以巧斗力者，始乎阳，常卒乎阴，泰至则多奇巧。”它记叙了这种多变的战术。

秦汉时期，中国成为统一的封建国家，秦正式将前朝的角力定名为“角抵”，东汉学者应劭解释为：“角者，角技也；抵者，相抵触也。”秦汉以来，角抵、手搏、击剑等，《汉书·艺文志》中，就收入了《手搏》六篇，记录了有关手搏发展的情况。

隋唐五代时，手搏、角抵不但受官方重视，在民间更是十分普及，一片繁荣景象。比赛几乎形成制度。《通鉴纪事本末·刘氏据广州》卷二十六载：“汉主好手搏，弘熙令指挥使陈道庠引力士刘思潮……等五人习手搏于晋府。汉主闻而悦之，与诸王宴于长春宫，观手搏，至夕罢宴。”有的君主不仅喜好角抵戏成癖，还亲自参加角抵比赛活动。据宋代调露子著《角力记》载：“后唐庄宗性多能，癖好俳优并角抵戏，或云：‘自能此戏’。尝诏王门关曰，‘胜与作对，供养太后。’又先约之曰，‘卿不可多让’。门关退谢者数四。又谓之曰，‘卿一拳倒者，与节制。’及出手，果一拳下而仆。寻除幽州节度使。”可见官方如何爱好角抵比试，因此，更促进了本来十分火爆的角抵运动，取得更大的发展，因此经常在正月十五及七月中元节进行比赛。《隋书》记载了当时比赛的热闹场景：在大业六年，来自各地高手云集在端门街，各献“天下奇技”。一比就是几天，甚至“终月而罢”。

宋代，把相扑、手搏作为表演和比赛项目，在民间也出现了许多相扑、手搏的组织，当时称之为“角抵社”“相扑社”等，当时官方还经常举办露台争跤，同时在宋代也开展了女子相扑、手搏运动，手搏还作为强身、活动手足的重要手段。《宋史 · 兵志》说：“手搏虽不切于用，而亦习其身臂。”手搏在民间更为流行，在京城护国寺南高峰搭起“擂台”（当时叫献台），各道郡力高者都来较量，上台比赛时，开场白：“依古扎斗智相搏，习老郎捕腿攀腰，赛尧年风调雨顺，许人人赌赛争交。”规定比赛中不准“揪住短儿”“拽起儿”，可以“拽直拳，使横拳”“使脚剪”。说明在宋代，冲拳、贯拳已是散手中的主要拳法，并使用了地趟的称摔法。比赛优胜者的奖品有旗、账、银杯、彩缎、锦袄、马匹等。

散手的健身性和娱乐性的功能，从宋到明的著作中都有所反映。宋人调露子认为：“上古之人淳素，以食饱饮足，或以前肱为格击，手赤未（来）取胜负。”由于手搏比赛时紧张、激烈，观者甚众。在渑池县旁有个山庙，需要修理，因房梁甚大，大家都抬不动，于是县令世衡想了个发动群众的办法：“下令较手搏，倾城人随伍观之。”这时世衡对观众说：“汝曹先为我致庙梁，然后观手搏”；“众欣然下山，共举之，须臾而上”（司马光《水纪闻》）宋代，竞技散手出现了多种形式，有“角抵社”“相扑社”，崇尚擂台散手，同时也出现了女子数对打套，在宫廷也有女子相扑表演。

在明代，竞技散手之风盛行，还出现了专门研究的机构，这标志竞技散手运动的技术理论逐渐自成体系。

到了清朝，更重视散手竞技的活动，专门设有“善扑营”的国家机构，“善扑营”分设东营和西营，东营设在北京交道口大佛寺，西营设在北京西四牌楼北小护国寺内。民间的竞技散手开展得非常普遍。

第一节
京 城 散 手

北京作为国都可以追溯到春秋战国时代，曾做过燕国的国都，由此可见，北京早已成为中国北方的政治经济文化中心，后又以八百余年的京都历史，使北京的经济更加发达，文化更加繁荣。在这京畿之地武馆林立，民间不乏武术高手，它们与京城侍卫在生活上有着千丝万缕的联系，在武艺上有相辅相成的融合，从而诞生了京城散手，创始出了京城散手。

散手就是中华武功的各种技术方法（招术），在实战中充分表现了它的实用性，在某种意义上说，它是徒手搏斗的总称：即武术加摔跤；拳术加摔跤；擒拿加摔跤。也就是说“踢打摔拿躺”尽可用之。

北京天桥游艺市场有一段历史了，早些时候就常有些卖艺的，表演些摔跤、打套子、舞钢叉之类的项目，人们顺口称之为“打把式卖艺”的。天桥摔跤摊子上还出了几个名人呢！像满八爷及其弟子甄三都是那时候的风云人物，艺人们的把戏多数是跤术与拳法有机地结合起来，形成了一种特殊的技击术。这也许是艺人们对后人留下的一笔遗产，如善散打者，若再精通跤术的话，那他就好比多长了两只手。我曾和将天桥跤法融于散打中的队友对抗，结果屡屡惨败，被重摔在地，痛得我几乎爬不起来了，在此我们将心得都记了来，和盘托出，供广大爱好者提宝贵意见，并借以抛砖引玉，激励同行们撰出更多的佳品。（引自《柔道与摔跤》中的一篇文章《天桥把戏对徒手散打》）

第二节
京 城 高 手

一、张二爷（张铁手）

张二爷在张氏家族兄弟排行中行二，他不但刀剑功夫了得，擒拿散手更是堪称一绝，人缘非常好，常常扶危济困，伸张正义，因此，大家都尊称您一声“张二爷”。

1. 20 世纪的三四十年代，张二爷在地坛公园立场子，以养家糊口。场子每天多以练器械为开场，后有周围民众借场子练摔跤、练散手，张二爷分文不取。再就有张二爷与前来切磋比试的武林高手竞技。有一次，一天上午，当场子练得热火朝天的时候，突然来了三个衣着打扮比较特殊的人，看来他们是练主，又是有钱人，其中一个点名要与张二爷进行比试，当然按照立场规矩，必须应战。于是，两个人各拉开架势，开始出拳踢腿。张二爷瞅准机会，来了一个扫堂腿，把对方踢翻，不等分说，接着又上来一个身材更魁梧的人，叽里呱啦地乱叫，就向张二爷扑来，张二爷闪身躲过，起摆莲脚把对方踢得扑身倒地。不等分说，第三个人又冲上来，手里举着一个短匕首，冲张二爷就刺，张二爷抽身躲过，并迅速用左手拖抓住他持匕首的右手腕，向前推压，同时，用右脚滑步打击对方的右腿，右手相帮托扼着对方的下巴颏儿，三路劲同时发力，把对方打得仰身躺地，此时，有的观众高喊：“好啊！好！解气。”有一位长者对张二爷说：“赶紧收家伙快走，他们不是中国人……”

2. 又有一次，一天傍晚，张二爷正在带徒弟练功，忽听得护城河边有碴架的嘈杂声，张二爷立即带徒弟前去查看，只见护城河边黑压压的一大片人，仔细一看，两拨人在碴架，都拿着棍棒一类的家伙，只见有一方的领头人手里还拿着一把刀，张二爷想，只有先制服这个拿刀的人，这事才有一个了。张二爷大喝一声："住手！"说时迟那时快，只见张二爷双手向空中一抖，那个拿刀的领头人就被一个"黑伞"盖罩住了，动弹不得。张二爷趁势一个箭步跳到持刀人的面前，用右手紧拿着对方持刀的手腕，喝令他放下刀，这个持刀人犟劲想挣脱，张二爷见状施展铁手本事，猛一用力，持刀人的腕子就耷拉下来了，刀也掉在地上，张二爷从那人头上取下黑伞盖，披在身上，从而制止了一起有规模的械斗。自此以后，护城河边很少再有流氓地痞滋事械斗。

二、赵五哥（赵铁腿）

赵五哥，原名叫赵深，您武艺高强，特别是腿上功夫有独到之处，常常扶危济困，伸张正义，人缘特别好，在赵氏家族兄弟大排行中行五，和赵五哥年龄相差无几的男人，都尊称您一声"赵五哥"。

赵五哥的腿功非常了得，据说您是这样练的，除了踢木桩、踹条石等传统的练腿功的方法，您还有自己的一套独特的练法，例如，用格洋布口袋装满杂粮，大概得有一人多高，一人双手将能搂抱那么长，每天拿它练拳掌不说，主要用来练腿，口袋里装的是有生命的物质，用它练腿的感觉远比沙袋强多了。为了让腿击精准不差分毫，您用一个小口袋装几斤杂粮，用一根绳子拴紧吊在梁上，让这小口袋来回摆动，有快有慢，上下升降，有高有低，然后用各种腿法踢击这小口袋，久而久之，赵五哥拳出如流星，腿击如闪电。有道是：“重不如轻、轻不如空；沙不如豆，豆不如空。”

赵五哥居住在北京风景宜人的顾家庄村，顾家庄村依平地而建，它有弯弯的小河，有块块的湿地，有一大片旱涝保丰收的肥沃土地。顾家庄村掩隐在茂盛的树林、绿色的庄田、美丽的花丛中，犹如风景如画的江南水乡。美丽的村庄，自足的日子，使村民们有更强的尚武精神。因此，村民们历来就有习武保家园的习俗。赵五哥和夫人张四姐就是村里习武保家园的领头人。张四姐原名张淑芹，常常助人为乐，人缘特别好，在张氏家族中姐妹排行行四，和您年龄相差无几的女人们，常常尊您一声“张四姐”，您不但拳脚功夫出众，更有一手打飞弹的绝活。飞弹是用黏性很强的胶泥揉制而成，根据需要可大可小。您掷打飞弹的功夫虽不能跟百步穿杨的弓箭手沙场御敌相比，但也是一种十步穿铜钱能保家护村的本事。在 20 世纪的三四十年代，不知为什么顾家庄村周围多了几个兵营，不但苛捐杂税增多了，更有散兵游勇经常骚扰村庄，干一些土匪的勾当，因此，土匪也随之猖獗起来。赵五哥和张四姐为了保卫家园，不顾个人安危，常常驱兵痞打土匪，您们行侠仗义的故事曾在京北被传为佳话。如：

1. 在麦秋后的一个二更天，赵五哥正在带徒弟练功，忽然村西头有人在喊叫，是个女人的声音，“救命啊！救命……”的声音越来越大，赵五哥赶忙跑过去一看，看见一个兵匪正在撕扯一个女人的衣裳，还有两个兵匪站在两旁，帮助施暴。这女人原是某某家的媳妇，赵五哥大喝一声：“住手！”同时，推开了正在撕扯女人衣服的那个兵匪，旁边两个兵匪怒气冲冲地向赵五哥扑来，赵五哥起左脚把一个兵匪踢倒在地，同时飞起右脚，施摆莲腿，打到另一个兵匪的肩上，使之滚倒在两米开外的草地上，那个扒衣服的兵匪这时也爬起来，向赵五哥伸拳就打，赵五哥立即起左脚踢击对方的左肘部，对方“哎哟”一声，胳膊就耷拉下来了，三个兵匪失去了打斗的能力，见情况不妙，撒腿疯狂逃窜。

2. 在初秋的五更天，赵五哥正在练功，突然传来了一片打斗声，赵五哥侧耳细听，声音来自隔壁的一家邻居，此时，打斗的声音越来越大，赵五哥赶忙跑过去查看，三个土匪正在强抢那个邻居的耕牛，这家的男人跟他们揪扯，女人在拼命地哭喊：“土匪来啦！土匪来啦！快来人，打土匪。”一个土匪疯狂地把那家女人推一个大跟头，另一个土匪趁机要把耕牛拉走，那两个土匪见赵五哥来了，凶狠地向赵五哥扑来，赵五哥倒退一步，起左腿猛踢击土匪的小腿，只听“哎哟”一声，那个土匪倒地，另一个土匪拿着一把明晃晃的短刀，向赵五哥刺来。赵五哥双手在对方眼前一晃，立即跳到那个土匪的侧面，用右脚起摆莲腿，踢中土匪的后胸，使土匪向前扑倒在两米开外。三个土匪缓过劲儿来，吓得抱头鼠窜，一边跑一边声嘶力竭地喊着：“过两天我们还来，抢定了你的牛！”这时那家的男人迅速把牛牵回牛圈。赵五哥对那个邻居说：“恐怕你这两天夜里得注意了，遇事要敲个响动，好让大家知道，只有相互帮助，才能打退土匪。”

3. 赵五哥驱兵痞、打土匪行侠仗义的事迹，使土匪们对他恨之入骨，伺机攒帮报复赵五哥。赵五哥得知这个消息之后，把附近大屯村功夫很高的妹妹赵玉兰和妹夫丁世忠叫到家里来，共同抗击土匪。初夏的三更天，赵五哥正在家里熟睡，妻子张四姐突然猛推了他三下，低声说道：“快起！有人进院子了……”赵五哥翻身起来，到堂屋隔窗一看，只见有一个土匪，已经走到窗跟底下，赵五哥立即向妻子示意，嘴里还说着：“飞弹，飞弹。”此时，张四姐已经推开了上扇窗户，一个飞弹正打在土匪毫无遮蔽的脑袋上，那个土匪“嘿”一声喊道：“这是什么东西？”张四姐见状，连续打出两个飞弹，使那个土匪退到离窗五米开外。这时，从墙头上又跳下来两个土匪，三个土匪同时向窗户这边冲来。这时，妹妹赵玉兰已把一簸箕的飞弹送到张四姐眼前，张四姐抓起一把飞弹，打向那三个土匪，并接二连三地打了好几把，土匪此时也摸不着头脑，不知怎么回事。他们一边捂着脑袋，一边拿着家伙丧心病狂地向窗前扑来，这时，他们控制不了自己的脚步，一走就一个趔趄，一跑就一个趴虎。古有撒豆成兵，现有飞弹驱匪，土匪见情况不妙，只能屁滚尿流地跑掉。此时，赵五哥和妹夫丁世忠开门持棒追击，蹚着飞弹擦地皮快追，追上了一个落在后面的匪徒，一看，原来是那天偷邻居耕牛的那个土匪，赵五哥飞起一脚，把他踢出三米开外，并大声地呵斥道："如果你们再敢来，就不是这个下场了！快滚！"打斗声音惊动了街坊四邻，大家一听张四姐打飞弹驱土匪的过程，都哈哈大笑，异口同声地说："这招真灵！"自此，有好多街坊四邻的女人也学起了飞弹，不但能驱匪保家园，还能健身娱乐保健康。

作者在居家庭院向弟子传授家传武功（组图）

11. 23
4. 9. 1994

11. 25
4. 9. 1994

12:05
4. 9. 1994

4. 9. 1994

11:34
4. 9. 1994

10:42
4. 9. 1994

10:51
4. 9. 1994

11:40
4. 9. 1994

11:20
4. 9. 1994

第二章

传统跤术

“神州跤术”即“中国跤术”，是指中国各民族、不同地区开展的传统摔跤运动，在《神州跤术》这本书中，主要介绍了代表中国传统摔跤运动的“中国式摔跤”。

中国式摔跤是现代竞技体育运动项目，具有现代摔跤运动严格的技术规范和科学的规则体系，为区别其他摔跤运动而冠名为“中国式摔跤”。它是中国传统摔跤运动的延伸与发展，它是以京跤为代表与各个地区摔跤运动相互融合、极致发展的产物。

中国式摔跤既是古人生存的一种技能，又是军事上能克敌制胜的武艺，同时也是中国特有的传统体育项目。它是中国武学文化的重要组成部分，是中国传统文化，是随中国社会发展而不断升华的一项融技击防卫和健身娱乐为一体，最大程度发挥肢体技能的传统体育运动。中国式摔跤历史悠久，起源甚古，因此，在这里我们只能按照历史进程有侧重地进行简单的述评。

中国的摔跤活动可以追溯至远古时期。原始社会，人类为了生存和争夺物质利益的需求，常常利用简陋武器和徒手搏斗的方法，保护部落区域和财产不受侵犯、抵御和擒捉野兽，这些原始争取生存搏斗的动作就是摔跤的萌芽。

秦统一中国后，暂时结束了战乱频仍的动荡局面，产生了相对比较安定的社会环境。因此，秦代将当时称为“角抵”的摔跤列入了百戏之内，还将其作为军中正式的训练科目，从而使民间的摔跤活动也有了广泛的开展。1975 年在湖北江陵县凤凰山秦墓出土的木篦上，发现有古代摔跤的画面，画面上共有三个人，均为男子，其中一个是裁判，从三人的动作神态上看，比赛场面逼真，气氛紧张、热烈，反映出当时摔跤活动在秦代已有相当的发展，纯粹军事需要的摔跤已发展成为亦可竞技的体育活动。

汉朝官方每年都要举行大规模的摔跤比赛和各类的摔跤活动，参赛者、观赏者众多，特别是在阳春三月，竟能形成三百里皆观之的壮观盛况。由于生产力的发展，在民间也随处可见摔跤的场景。在陕西省长安客省庄汉墓出土的铜牌上面就刻着一幅相扑图，上面有两个农民打扮的男子在树下抱摔，旁边还有载有赌物的马匹，这就是一个很好的例证。由此可见，在汉代，摔跤的竞技、娱乐作用凸显出来，同时也促进了摔跤技巧的进一步提高。

魏晋南北朝时期，魏国曹操曾大力提倡角抵，用于练兵，并将其列入百戏之内。蜀国在官方支持下，民间摔跤活动开展得轰轰烈烈，更把摔跤作为军中的练兵手段和战时休整期间的娱乐方式。

到了晋代，由于官方的支持，将本来就比较兴旺的摔跤活动推向了一个高潮。据北宋《角力记》记载："……五陵潘阳、荆楚之间，五月盛集，水嬉则竞渡，街坊则相搏为乐。"由此可见当时观者如堵、巷无居人的盛况。摔跤的名称由于地域的不同叫法也不尽相同，如角力、相扠、相搏、手搏、相扑等，从这些叫法可以看出，虽然角力内容和规则基本相同，但各地区都有自己的特点与绝招。因此，常有相隔千里之外的摔跤名家互邀比赛，这样相互取长补短，使得摔跤技术有了进一步的提高，这点在《晋书》上也有论述："……角力则角力量，其取工巧钝拙分其胜负，故谓之角力。角校力也是，然则名有雅、有俗。雅则为相费，俗则为相扑。"这就说明摔跤不仅仅是角力量，常常是以工巧钝拙来分胜负，可见摔跤技术在比赛中的重要作用。由此可以说明，晋代摔跤技术已达到了一定的水平。

隋代的摔跤活动更加兴盛。几乎各地区都有较正规的摔跤比赛，摔跤比赛常常形成观者如潮、商贾云集的热烈场面。有的地区甚至每逢节日必作角抵，端午节民间常作化装角抵。在西京，每至正月华夏名跤手常云集于此，进行为时一个月的夸竞。由于摔跤的盛行，有的地区消费支出过大，致使当时侍郎周人上书朝廷，要求限制规模，抑制支出过快增长。可以说，在隋代，摔跤技术已经有了进一步的发展。

唐代诸皇帝都喜欢观赏摔跤，唐庄宗更是一名摔跤高手，常常与王都等摔跤名家角抵并屡屡获胜。由于皇家的重视，使得唐代涌现出一批较为专业的摔跤手，同时也出现了许多摔跤名家，如李存贤、蒙万赢、李清洲等，这些摔跤名家各个身怀绝技，他们不但比输赢，更比谁的动作快，身法干净利索，努力追求完美。因而在唐代，摔跤技术得到了较大的发展。

宋代，官方把摔跤作为宫廷内的比赛和表演项目，并设有专门的相扑组织和管理、训练、比赛的军头司，对相扑手定有选拔、考核、晋升的赏赐制度。在民间也出现了许多较为正规的社团组织，如“角抵社”“相扑社”“争跤社”等，并设有较为固定的活动场所和比较正规的比赛规则。相传为了纪念民族英雄岳飞，在祁县、定襄等地区就设有“挠羊会”，每年都举行挠羊赛，用一只大肥羊作为奖品，一直延续到现代。同时，在宋代也有了女子摔跤比赛。名著《水浒传》第七十四回“燕青智扑擎天柱”中，就绘声绘色地描述了燕青智扑擎天柱的热烈场景，使人们感受到了宋代摔跤运动的兴盛。可见宋代的摔跤技术已经有了很大的发展。

明代，由于官方设有专门研究摔跤技术的机构，因此使摔跤理论得到了进一步的发展，从而使摔跤技术进一步提高。明代把相扑列入六御之内，为军中训练的武艺，从明代万历年间出版的《万法宝全》一书中所绘相扑图样也可以看出，当时摔跤之风更加盛行。由此可以说明，摔跤运动在明代从实践、技术、理论方面都取得了空前的发展。

清代，由于官方的提倡、民间的普及，把摔跤技术推到了一个较高的水平。官方在领侍卫府就设有“相扑营”，后称之为“善扑营”。“善扑营”约有摔跤手三百余人，均由八旗各部选拔组成，他们都是摔跤高手，由都统管辖，下设翼长。“善扑营”分左右两翼，即东西两营，东营在北京交道口南大街大佛寺内，西营在北京西四北小护国寺内。他们平时担当宫中侍卫，御试武进士时充当执事，并随皇事充当护卫。这些跤手俗称“扑户”，共分四个等级，按等级给予俸薪。这些跤手在农历腊月二十三、腊月二十九等重要节日都要在养心殿、储秀宫中做摔跤表演并与蒙古等外客跤手进行摔跤比赛，并且必须得胜，赢者给予奖励，常优胜的名跤手都被御赐为御布库，如当时的关文连（关文爷）、祥德全（大祥子）等，他们都是身怀绝技的著名跤手。

在民间，特别是京城，摔跤已经成为群众喜闻乐见的娱乐活动和竞技运动，在春节、中秋节等重要节日和民间各种喜庆活动中，都举行摔跤比赛和表演，观者如云，万人空巷。

第一节
京 城 跤 法

北京优越的自然条件使之成为中国历史上最大的城市。

它经济发达，交通便捷，具有浓郁的文化气息，同时又以它八百年的京都历史，成为中国政治、竞技、文化的中心，这就为传统摔跤运动的发展提供了最为适宜生存和发展的条件。追溯历史，据文字记载，北京成为传统摔跤运动最为兴盛的城市已有一千多年的历史，可以说，北京的摔跤在相当长的时间内代表着全国最高的水平，北京是近代中国式摔跤的发祥地。

辛亥革命以后，“善扑营”的扑户们流落民间，以卖艺、授徒为主要生计，如右翼扑户王三就在什刹海等地说跤卖艺，这种靠绝技生存的方式拉开了京城撂地跤场的序幕，至此，扑户们就把宫廷的摔跤技艺传到民间，与民间传统的摔跤技艺相互融合，使摔跤技术达到了很高的水平，更突出了它竞技和娱乐的功能。虽然军阀混战，倭寇侵入，给摔跤运动发展带来了不利的影响，但阻止不了民族传统运动在民众之中的普及和发展。在民间，京城摔跤运动是非常盛行的，是群众喜闻乐见的主要运动方式之一，特别是这项运动能充分体现自强不息、反抗外辱的民族精神，它向世人昭示中国人不是“东亚病夫”！例如，以一大跤师单士俊、孙文为代表的中国跤界，在与日本柔道界牛岛晨雄等高手的首场比赛中，以绝对的优势战胜了牛岛晨雄，使在场的民众感到扬眉吐气。

这些民间摔跤高手酷爱中国式摔跤，在极其困难的条件下，为了继承摔跤技艺，毅然坚持苦练。为了生存，其中有些摔跤高手因生活所迫设跤场卖艺，在当时最为闻名的有：

北京的沈友三、宝善林、熊德山、单士俊；天津的张魁元、张连生；上海、南京的宋振蒲、田玉荣、赵云亭；沈阳的徐俊清；济南的佟顺禄；张家口的洪立厚；等等。这些跤师深受当地民众的喜爱，他们为继承和发展中国摔跤运动起到了相当重要的作用。

第二节
京城高手

提到撂跤，在北京有这样一个说法：“南有沈友三、北有单士俊、东有熊德山、西有宝善林。”此说法基本反映了当时北京撂地跤场分布的简况，也道出了最为闻名的北京撂地跤场的代表人物。这四位老前辈他们的年龄不同，但他们之间相差的岁数几乎相同，就这相差几岁的客观条件，使得他们每个人在其摔跤生涯的巅峰时期，都成为那个年代的代表，是他们把摔跤技艺继承发展下来。在旧中国，撂地跤场生存实属不易，因为什么人都可能碰到，什么情况都可能发生，这就要求摔跤大师们不但技艺绝伦，并且还必须时刻处于良好的竞技状态之中，才能应付不可预见的各种情况，可见这些大师们从基本功到摔跤技术，从竞技状态到心理素质，从做人的品质到处世的能力，都已达到超乎寻常的水平和很高的境界。这里将他们的基本情况逐一介绍。

一、沈友三

沈友三，北京人，回族，出生于摔跤世家。被北京跤界推崇为“跤雄”，之所以称他为“跤雄”，是因为他在京城乃至全国率先开了撂地跤场的先河。许多摔跤名家都曾在沈先生跤场入伙、帮场、练跤。他身高体壮，技艺超群，在民国初年，当属京城第一。

他臂力过人，一辆 200 多斤重的木制独轮小推车，在过一尺高的门槛或上台阶时，沈先生双臂一较力，就能轻松越过门槛或跃上台阶，可见其臂力之大。他幼小习练摔跤武术，基本功特别扎实，受其父亲真传，经常在牛街南口、老君地摔跤。师从善扑营扑户闪德宝、宛永顺等，经常到红庙（宏济院）练跤学艺，沈先生技艺打长。

沈先生还经常到天桥西红楼（用红砖建成的房）南边一个把式场子去帮场，穴头是杨双恩，在沈先生等人帮场练跤时，观众最多，场子也红火。后因杨老先生年事已高，为了场子的生存，特聘沈先生入伙并掌穴。后来这个把式场变成了专演练摔跤的天桥第一个撂地卖艺跤场。天桥跤场的出现，带动了北京其他地方撂地跤场的兴起。

沈先生曾代表北京参加全国摔跤比赛，并获得第一名，还组织过北京跤界与日本相扑界的对抗比赛，并取得了胜利。

沈先生不但摔跤技艺精湛，而且还练就了一身过硬的气功和绝活。他的硬气功“双风贯耳”曾经拍进过电影，他的绝活小石锁耍得更有独到之处，小石锁综合了石锁、掷子等多种玩法，创编出既以练力为主，又突出观赏价值的新的演练方法，在北京等地表演，受到了观众的热烈欢迎。几十年来，沈先生跤场培养出了众多的摔跤高手，为中国式摔跤的传承作出了杰出的贡献。

二、美跤单士俊

单士俊，北京人，汉族。在北京跤界有“美跤”之称，之所以称之为“美跤”，是因为他体形美、肌肉美、出架美、技术动作更为完美。他身高一米八，细腰乍背、双肩抱拢呈贯字体形，肌肉凹凸分明，线条清晰，基本功扎实，摔跤技艺精湛，其动作干净利落，其风格潇洒独特，极具观赏性，给人以美的享受。

单先生臂力过人，200 多斤重的大青石墩子能轻举过头，腰劲儿更为出众，能扛起两个 200 斤左右大沙包上城墙。一次到城北赶场子，路见一辆三套大马车陷在泥塘里，车上载有两千多斤粮食，任凭把式怎么吆喝车仍纹丝不动，单先生见状上前帮忙，双脚站成丁字步，双手抠拿住车轴，双膀一较力，车的一边便被抬起来，此时，把式趁势一摔鞭，大马车被拉出泥塘。

单先生幼小习练摔跤武术，练武极为刻苦，无论酷暑严寒、风霜雨雪，一年 365 天从不间断，练就了二五更的功夫。他经常在竹竿浮搭的通道里跳蹦子，在城墙马道上走推子，在板凳上扔勾别，在活木桩子上练踢弹。由于基本功非常扎实，虽然是大架，但防的是风雨不透，能左右逢迎；攻的是先抢为强，能随处见手。这也为单先生跤技大长、武艺超群奠定了坚实的专项素质基础。

单先生幼小跟右翼扑户王三学练摔跤，后到红庙（宏济院）宛永顺（苑八爷）跤场练跤学艺，深得宛八爷赏识，得以真传，从而跤技大长。后到沈友三先生跤场加盟帮场，还同熊德山先生共同设场卖艺，并一起到外省市鬻技，向北，出北京奔山西到内蒙古；向南，出北京奔山东到南京。在京城也有时赶庙会，如安定门外奶子房庙会、德胜门外北鼎庙会。由于单先生实战能力极强，口齿伶俐，声似洪钟，买卖口特别强，因此，自己独立撂场子，在鼓楼、什刹海、东安市场、隆福寺，有时也到东四和西单等地设场卖艺，并吸引了大批高手加盟或帮场，有宋振甫、金宝生、启寿春、白景文、李文江、王茂林、徐文惠等人。当时京城百姓以及外地看客都特别爱看单先生撂跤，跤场甚是红火，常常出现看跤者环立如堵的热烈场面，因此，也为京城百姓带来了无比的欢乐和很好的精神享受。

单先生曾代表北京参加全国摔跤比赛，并获得第一名，还曾代表北京跤界与日本相扑界高手牛岛晨雄进行了第一场第一跤的比试，并取得了胜利。这充分体现了单先生的实战能力。关于这次比赛《柔道与摔跤》中有着详细的记述，在跤场上卖艺，多为表演性质。强调艺术性，一般不太计较胜负，跤场艺人常这么说："跤是假的，功夫是真的。"跤场上献艺与运动会上争名次、夺金牌大不一样，跤场上可以是藏龙卧虎之地。要论名次，跤场主持人沈友三先生是全国摔跤冠军，他的伙计们也都为全国冠军，还是按跤场的规矩去处理，就是"跤赌头一下"。头一跤至关重要，必须赢。其次，二跤或三跤就可以让跤了。日本牛岛晨雄不仅摔跤技术好，而且意志力也很强，这一点，他与单先生比赛时表现得尤为突出。单先生喜欢生手跤。二人一照面，上去就用双手剁住了牛岛晨雄的中心带，手到绊子到，跳步进去变脸就崴。牛岛晨雄比赛时光着脚，不穿鞋，积极主动，先下手为强，这是单先生的风格所在。这次主动进攻，刚一跳进去，偏巧一脚就踩在牛岛晨雄的大脚趾上。一拧指甲盖就掉了。牛岛晨雄当时却无事一样，继续比赛。牛岛晨雄确实老练。处在被动地位，仍沉着应战。偏了重心，还是没有倒。但无奈单先生崴了一下后，紧接着又崴二下、三下……连续发力，越歪越摧。牛岛晨雄这时已没有了还手的份儿。身体重心被越摧越歪。最终控制不住，不得不翻在地上。就这头跤而论，牛岛晨雄的武士道精神还是表现一些出来。

单先生不但跤技出神入化，且武艺超群，善使刀、棍等器械，其硬气功和轻功亦有独到之处，并有很多绝活：其一，搧砖，就是把一块新砖立在板凳上，砖后放一碗水，然后用脆劲儿猛搧其砖，砖随劲断为两截，上半部分飞出，下半部分稳立在板凳上，水碗纹丝不动。其二，双风贯耳，就是侧卧于地上，用一块砖垫着太阳穴使头部平枕在上面，再用新砖三块放在另一侧太阳穴上面，然后用铁锤向上面三块砖用脆劲儿猛力砸击，砖随之粉碎，人却安然无恙。其三，油锤贯顶，就是把新砖放在头部之上，再使大锤用脆劲儿猛力砸击，砖随之粉碎，人却安然无恙。说到单先生的轻功，不能不提《北京晚报》京城轶事栏目中刊载过的一篇关于“单先生耍少狮，东直门水厂塔上倒挂金钟摘铃铛”的报道，此事曾轰动京城，人人叫好，堪称这是世上能看得见、摸得到的绝活。此外，单先生还有一手绝活——打弹弓，不仅能打静物，还能打动靶，如何将第一颗弹丸打上空中，待其落下之时，再将另一个弹丸打中第一颗弹丸，此功法叫“天鹅下蛋”。

单先生为人忠厚，最讲仁义，与摔跤武术界、文艺界、科技界的名家、名人交友甚多，经常往来。单先生曾把自己使用的弹弓送给天桥武术把式韩金，每当韩先生看到单子平时，都非常感慨地说：“你父亲这个人真好，最讲仁义”；单先生对跤坛儒将傅永均先生为发展摔跤运动而到家中来访，不但热情款待，而且把自己的摔跤技法乃至绝招毫无保留地说给傅先生，傅先生甚为感激，为表达谢意，将自己绘画的跤图和书写的跤术咏言馈赠单先生；单先生与摔跤名家熊德山先生更是莫逆之交，跤界素有“单熊不分家”的赞语。

三、跳步熊德山

熊德山，北京人，汉族，出生于摔跤世家，在北京跤界有“跳步跤”之称，之所以称之为“跳步跤”，是因为熊先生善于运用步法，而且非常灵活，特别是善使跳步别、撮、崴等绊子。熊先生体格魁梧健壮，摔跤技艺精妙。

熊先生的父亲熊万泰是善扑营扑户，父亲希望他子承父业，因此七八岁时，就让他练功，而且对他非常严格，常在八仙桌底下，葡萄架下练功，功架不但要低，且须步法灵活，高一点则遭到训斥。熊先生练功也极其刻苦，故基本功很扎实，为日后撂好跤打下了良好的素质基础。

熊先生十六七岁即随父在东西两庙摔跤卖艺，为了让他尽快成才，父亲将他送到沈先生跤场随场练跤学艺，沈先生跤场高手云集，这为熊先生跤技大长提供了良好的客观条件。熊先生艺成后离开沈先生另立门户，在北京的东单、隆福寺、护国寺等地撂场卖艺，还同单先生一起到外省市鬻技，在几十年的摔跤生涯中，熊先生和单先生亲如手足，正如北京跤界所颂扬的一句赞语："熊单不分家。"

熊先生曾代表北京参加全国摔跤比赛，并获得第一名。几十年来，熊先生跤场培养出了许多摔跤高手，其弟子遍布京城，为中国式摔跤的发展作出了突出贡献。20 世纪 50 年代有关部门安排熊先生到东郊水泥厂工作，同时兼任东单体育场授课教练。

四、中幡宝善林

宝善林，北京人，满族。宝先生不但跤摺得好，中幡的演练也堪称一绝。他中等身材、虎背熊腰、肌肉发达、臂力过人，偌大的中幡在宝先生手里就像举起一根小竹竿，可见宝先生的神力。京城一提起宝先生，都冠以"中幡宝善林"的美称。

宝先生因出生在西城西草场，所以幼年就有机会经常到西四北营房看摔跤，并和小伙伴在一起摔跤，年龄稍大点之后，就到南城红庙（宏济院）宛永顺（宛八爷）的跤场练跤学艺。因宝先生悟性极佳，故深得宛八爷赏识，并得到了宛八爷的真传，宛八爷特别重视对宝先生基本功的训练，宝先生亦非常刻苦，练就了二五更的功夫，从此跤艺大长，在护国寺、天桥设场卖艺，同时亦赶香火庙会。如右安门外草桥的中顶、永定门外的南顶。

摔跤兼练中幡是宝先生跤场的一大特色，在京城乃至全国独此一家。中幡是一项古老的民间传统艺术，有着千年的历史，河北晓阳县王家庄民间艺人王小辫曾在京城两庙撂场卖艺，宝先生常去帮场，王小辫对宝先生的为人大加赞许，欲收宝先生为徒，宝先生也特别喜欢这门艺术，因此，宝先生拜王小辫为师学练中幡，一个真教，一个真学，没几年的工夫，宝先生不但将王小辫所教学会，同时又根据自己有摔跤功夫的特点，创编了“老虎大撅尾”等高难度动作。宝先生继承和发展了中幡这门艺术，因而也使得宝先生跤场具有区别于其他跤场的特色，因此，宝先生跤场日益红火。

宝先生曾代表北京参加全国摔跤比赛，并获得第一名。几十年来，他的跤场培养出了许多摔跤高手，为中国式摔跤的传承作出了突出的贡献，同时为中幡的传承作出了杰出的贡献。

京城撂地跤场已经成为历史，但它对中国式摔跤传承与发展的作用不可磨灭，这些摔跤名家也相继离去，但他们对弘扬民族文化的贡献是值得世代称颂的，他们无畏的民族精神是永远值得我们学习的。

中华人民共和国成立后，由于国家的关怀和重视，使传统的中国式摔跤运动获得了新生，取得了更大的发展，使摔跤技术提高到了一个更高的水平。中国式摔跤还被列为全国运动会的正式比赛项目。各地区、各部门都有自己的摔跤专业队，在城市的大街小巷，在村镇的田边场院，都能听到聊摔跤的，也能看到练摔跤的。特别是近年来，中国式摔跤以它鲜明的民族特色，同时又以它手法变幻莫测，技法精湛巧妙，动作完美潇洒的独特魅力备受世界各国人民的喜爱，因而目前在法国、美国、德国、瑞典等国家都有了一定规模的发展。他们不但有摔跤组织，而且像法国等国家，还以东道主的身份定期举行中国式摔跤世界邀请赛。传统的中国式摔跤运动随着祖国的繁荣昌盛正在取得更大的发展。我们深信，随着祖国国际地位的日益提高，中国式摔跤将成为世人瞩目的世界体育项目，这根植于中国传统文化百花园中的奇葩，将会更加绚丽夺目，绽放出独特的光彩。

1989 年，作者赵全才获得由北京市公安局颁发的“北京市先进治保积极分子”奖章

1999 年 5 月，作者赵全才获得首钢总公司“中国式摔跤无差别级冠军”

2012 年 1 月，东方全红体育健身中心在朝阳区创建全国文明城区
体育特色活动中荣获“优秀组织奖”

奖状

赵全才同志在一九七八年技术业务比赛中，成绩显著，被授予首钢公司技术（业务）能手光荣称号。

首都钢铁公司

一九七九年一月

1978 年，作者赵全才在首钢技术业务比赛中
被授予“首钢公司技术（业务）能手”光荣称号

赵全才同志：

您在一九九〇年两个文明建设中成绩显著，特授予首钢公司双文明先进工作者光荣称号，以资鼓励。

首都钢铁公司

一九九一年四月

1990 年，作者赵全才被授予“首钢公司双文明先进工作者”光荣称号

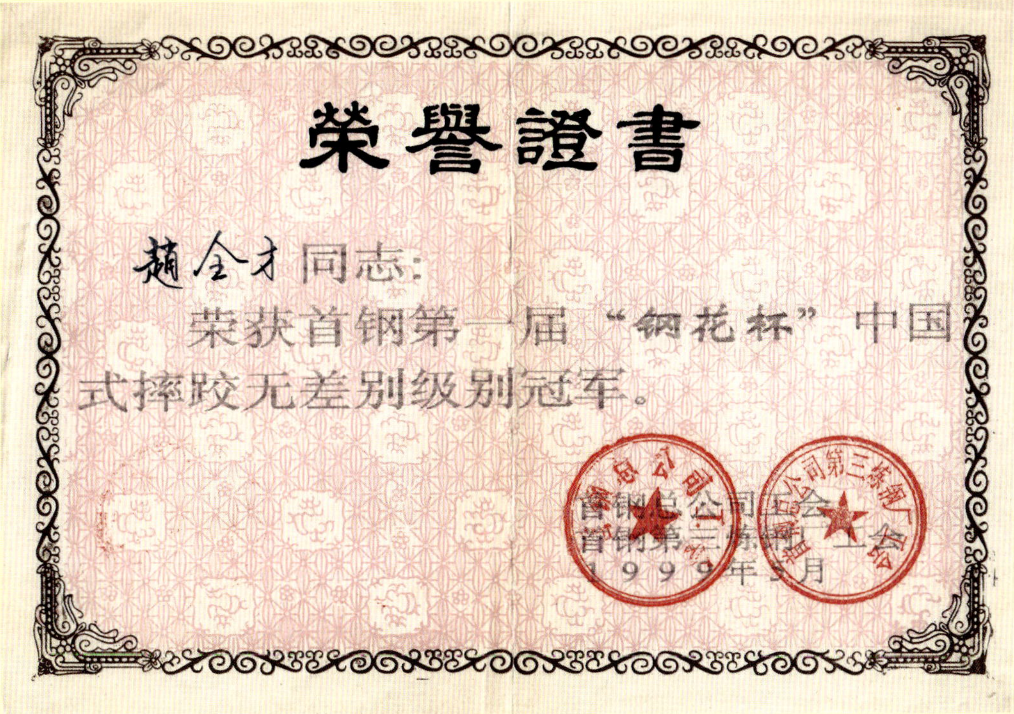

榮譽證書

趙全才同志：

荣获首钢第一届"钢花杯"中国式摔跤无差别级别冠军。

首钢总公司工会
首钢第三炼钢厂工会
1999年5月

1999 年，作者赵全才荣获第一届“钢花杯”中国式摔跤无差别级别冠军

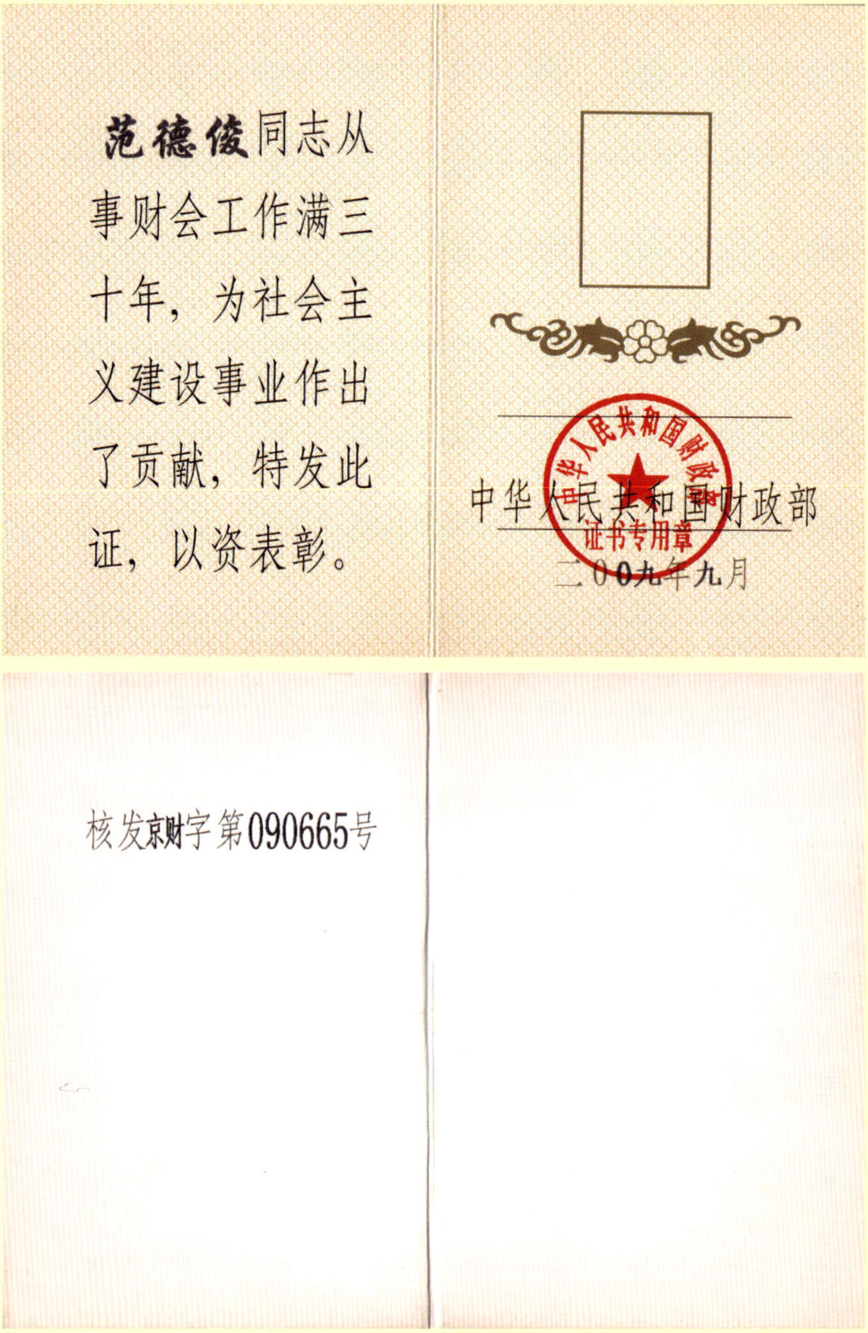

2009年，作者范德俊获得中华人民共和国财政部颁发的
“从事财会工作满三十年”荣誉证书